Português no Enem

2011
2012
2013
2014
2015
2016
2017

- Índices remissivos por assuntos e por séries
- Gráficos de frequências dos assuntos por ano

Organizadoras: Sandra Lorenzo Gonçalves Prieto
Susana Regina Vaz Húngaro

Editora Policarpo

2019

Coleção Vestibulares

Matemática nos Vestibulares – vol. 4 e 5
História nos Vestibulares – vol. 3 e 4

Coleção Exercícios de Matemática (E. Médio)

Volume 1: Revisão de 1º Grau
Volume 2: Funções e Logaritmos
Volume 3: Progressões Aritméticas e Geométricas
Volume 4: Análise Combinatória e Probabilidades
Volume 5: Matrizes, Determinantes e Sistemas Lineares
Volume 6: Geometria Plana

Caderno de Atividades (E. Médio)

Números Complexos
Polinômios e Equações Algébricas
Trigonometria – vol. 1 e 2
Geometria Espacial – Vol. 1, 2 e 3
Geometria Analítica – Vol. 1 e 2

Ensino Fundamental

Matemática para o Ensino Fundamental - Cad. At. 2º ano
Matemática para o Ensino Fundamental - Cad. At. 3º ano
Matemática para o Ensino Fundamental - Cad. At. 4º ano
Matemática para o Ensino Fundamental - Cad. At. 5º ano

Ensino Fundamental

Exercícios de Matemátca - Cad. At. EFII - 6º ano
Exercícios de Matemátca - Cad. At. EFII - 7º ano
Exercícios de Matemátca - Cad. At. EFII - 8º ano
Exercícios de Matemátca - Cad. At. EFII - 9º ano
Geometria para Ensino Fundamental II - 9º ano
Matemática para o Ensino Fundandamental - Cad. At. 6º ano vol. 1 e 2
temática para o Ensino Fundandamental - Cad. At. 7º ano vol. 1 e 2
Álgebra para o Ensino Fundandamental - Cad. At. 8º ano vol. 1 e 2
Álgebra para o Ensino Fundandamental - Cad. At. 9º ano vol. 1 e 2

Geometria Plana - 8° ano
Geometria Plana - 9° ano
Desenho Geométrico – 6° ano
Desenho Geométrico – 7° ano
Desenho Geométrico – 8° ano
Desenho Geométrico – 9° ano Ma-

Digitação, Diagramação : Sueli Cardoso dos Santos - suly.santos@gmail.com
Elizabeth Miranda da Silva - elizabeth.ms2015@gmail.com

www.editorapolicarpo.com.br - email: contato@editorapolicarpo.com.br

Dados Internacionais de Catalogação, na Publicação (CIP)
(Câmara Brasileira do Livro, SP, Brasil)

Organização: Prieto, Sandra Lorenzo Gonçalves. Húngaro, Susana Regina Vaz

Português / Sandra Lorenzo Gonçalves Prieto, Susana Regina Vaz
Húngaro. - São Paulo: Editora Policarpo, 2.ed. 2019.
ISBN: 978-85-87592-99-6

1. Português 2. Vestibulares 3. Provas Enem
I. Prieto, Sandra Lorenzo Gonçalves II. Húngaro, Susana Regina Vaz
III. Título.

Índices para catálogo sistemático:

EDITORA POLICARPO LTDA
Rua Dr. Rafael de Barros, 175 - Conj. 01- São Paulo - SP - CEP: 04003 - 041
email: contato@editorapolicarpo.com.br
Tel./Fax: (011) 3288 - 0895
Tel.: (011) 3284 - 8916

APRESENTAÇÃO

Português no ENEM é um caderno de atividades com os últimos sete anos de exames de Linguagens, Códigos e suas Tecnologias (2011 a 2017), excetuando-se os itens referentes às línguas estrangeiras (Inglês e Espanhol).

Os itens foram analisados levando-se em consideração as competências, as habilidades e os objetos de conhecimento que compõem a Matriz de Referência do ENEM, porém, para facilitar o trabalho autônomo dos alunos e orientar os professores, foram classificados e agrupados, neste caderno, por assuntos e por temas recorrentes no exame.

A indicação de série aos itens permitirá um trabalho direcionado aos alunos de acordo com os assuntos abordados em cada nível de ensino. Para elaborar a indicação do nível de dificuldade dos itens, consideramos tanto os objetos do conhecimento quanto a complexidade das operações mentais exigidas dos alunos na resolução das questões.

Nas primeiras páginas desta edição, além do índice normal (p. IV) do caderno, há também:

- Um **índice remissivo por assunto** (pp.V, VI e VII) no qual o aluno ou o professor podem procurar os testes (itens) referentes ao assunto que está sendo estudado;

- Um **índice remissivo por série** (p.VIII), o qual serve para que alunos e professores saibam em que nível de ensino, geralmente, são estudados os assuntos abordados nos itens;

- Um conjunto de **gráficos de barras** (pp. IX e X) com as frequências dos assuntos por ano; dessa forma, fica prático e rápido saber, por exemplo, quantos testes sobre "Estratégias argumentativas" caíram em 2016 (ou outro ano). Vale ressaltar que, como um mesmo item, algumas vezes, foi incluído em mais de um assunto, é possível que, nos gráficos, haja um número maior do que o dos 240 itens das seis edições do Enem.

ÍNDICE

ÍNDICE REMISSIVO POR ASSUNTO

Neste índice, o leitor encontra os números dos testes (itens) separados por tópicos.

Na frente de cada título aparece o número de itens desse assunto neste caderno de atividades (total de 240 testes dos Exames do Enem de 2011 a 2016). Isso permite aos leitores avaliarem com que frequência cada assunto apareceu nesses seis anos.

Nas páginas seguintes, há gráficos de frequência dos assuntos por ano.

Por exemplo, em "Estudo do Texto Literário", o "Barroco" apareceu apenas uma vez nesses sete anos de exames do Enem.

6.3 Arcadismo

229.

6.4 Realismo/Naturalismo

24, 107, 152, 176, 242.

6.5 Simbolismo

138.

6.6 Parnasianismo

84, 178.

6.7 Pré-Modernismo

25, 26, 63, 141.

6.8 Modernismo

3, 6, 18, 53, 66, 90, 96, 114, 151, 157, 168, 195, 202, 218, 220, 235, 248, 271.

6.9 Literatura contemporânea

46, 55, 71, 130, 162, 175, 188, 198, 199, 221, 225, 232, 236, 253, 265, 275.

6.10 Música Popular Brasileira

5, 180, 197.

6.11 Poesia Concreta

185.

6.12 Teatro

83.

6.13 Comentários, análises e informações sobre Literatura

190.

---

7) Análise/ Perspectiva crítica (19 itens)

4, 47, 54, 55, 58, 86, 92, 105, 110, 124, 131, 160,189, 205, 206, 208, 254, 261, 277.

---

8) Aspectos gramaticais (14 itens)

37, 104, 106,132, 145,166, 168, 172, 184, 212, 237, 262, 268, 279.

---

9) Estrutura e Função sociocomunicativa do gênero (20 itens)

17, 57, 85, 95, 119, 143, 165, 173, 177, 194, 197, 214, 216, 233, 234, 241, 260, 263, 267, 269.

---

10) Funções da linguagem (10 itens)

21, 22, 72, 113, 118, 144, 164, 201, 258, 264.

---

11) Progressão temática/ organização e estruturação do texto (12 itens)

14, 56, 61, 94, 106, 132, 149, 158, 212, 240, 242, 245.

12) Práticas corporais (23 itens)

1, 10, 13, 39, 54, 58, 77, 86, 88, 128,129, 154, 161, 167, 193, 205, 206, 207, 247, 254, 261, 266, 277.

13) Artes Visuais/ Música/ Teatro/ Dança (42 itens)

17, 97, 167, 213, 255.

13.1 Renascimento

59.

13.2 Barroco

76.

13.3 Cubismo

19, 68, 82, 131, 181

13.4 Surrelismo

179.

13.5 Contracultura

69.

13.6 Arquitetura

9.

13.7 Pintura murais

15.

13.8 Arte contemporânea

16, 87, 112, 136, 183, 200, 209, 222, 227, 271, 272, 278, 280.

13.9 Música Popular Brasileira

102, 137.

13.10 Teatro

140, 210, 215, 259, 267.

13.11 Dança

93, 154, 161.

13.12 Comentários, análise e informações sobre Música

159.

13.13 Comentários, análises e informações sobre Artes

182.

13.14 Expressionismo

256.

14) Patrimônio linguístico e preservação da memória e identidade nacional (17 itens)

12, 23, 32, 79, 81, 114,122, 155, 171, 189, 191, 217, 238, 244, 247, 255, 257.

15) Relação entre opiniões, temas e assuntos em diferentes textos (16 itens)

30, 65, 82, 97, 121, 130, 131, 153, 184, 200, 204, 209, 239, 244, 251, 257.

ÍNDICE REMISSIVO POR SÉRIE

Neste índice, o professor encontra os testes (itens) que podem ser propostos aos seus alunos em cada série do Ensino Médio e até mesmo antes, nos últimos anos do ensino Fundamental.

Caso um professor esteja lecionando no segundo semestre do 9º ano do Ensino Fundamental e já tenha trabalhado com alguns recursos expressivos, ele pode procurar esse conteúdo no índice remissivo por assuntos e verificar, neste índice, os itens mais indicados para a série que ele está lecionando e, ainda, o grau de dificuldade do item.

8º ano

Fácil: 4, 8, 17, 23, 25, 32, 33, 35, 36, 38, 39, 121, 123, 150, 203.

Médio: 49.

9º ano

Fácil: 27, 37, 44, 45, 57, 81, 85, 106, 117, 126, 145, 146, 165, 169, 177, 193, 194, 212, 213, 223, 230, 231, 233, 234, 237, 238, 243, 246, 252, 263, 269.

Médio: 10, 11,13, 14, 20, 28, 30, 34, 40, 48, 50, 56, 83, 92, 93, 97, 101, 104, 109, 111, 116, 119, 124, 133, 134, 143, 148, 149, 161, 167, 224, 254, 276.

Difícil: 5, 61, 86, 89.

1ª série

Fácil: 22, 31, 42, 58, 59, 60, 65, 73, 78, 80, 87, 88, 91, 95, 103, 110, 115, 118, 120, 122, 125, 128,129, 135, 142, 155, 156, 163, 164, 180, 182, 184, 189, 191, 192, 201, 202, 205, 206, 208, 210, 214, 215, 216, 217, 219, 225, 227, 228, 239, 250, 260, 262, 267, 273, 274.

Médio: 2, 7, 12, 21, 29, 41, 47, 51, 52, 62, 70, 71, 72, 77, 94, 98, 100, 105, 108, 113, 127, 130, 139, 140, 144, 159, 160, 162, 166, 170, 171, 172, 173, 174, 186, 187, 190, 196, 197, 204, 207, 211, 222, 232, 255, 257, 258, 264, 266, 277.

Difícil: 43, 75, 99, 112,153, 154, 226, 241, 247, 268, 272.

2ª série

Fácil: 24, 240, 242, 249, 251.

Médio: 19, 26, 46, 55, 64, 66, 74, 79, 84, 107, 132, 138, 147, 152, 158, 176, 178, 220, 229, 244, 245, 259, 261, 270.

Difícil: 76, 175.

3ª série

Fácil: 68, 114, 235, 248, 253.

Médio: 1, 6, 15, 18, 54, 63, 82, 90, 96, 102, 131, 136, 137, 141, 151, 157,168, 179, 185, 198, 199, 200, 218, 221, 236, 256, 265, 275, 278, 280.

Difícil: 3, 9, 16, 53, 67, 69, 181, 183, 188, 195, 209, 271, 279.

GRÁFICOS DE FREQUÊNCIA DOS ASSUNTOS POR ANO

1 - Recursos expressivos (estilística/figuras de linguagem/ sistemas simbólicos/intertextualidade)
2 - Norma padrão/variedades linguísticas
3 - Tecnologias da comunicação e informação - função e impacto social
4 - Estratégias argumentativas
5 - Identificação do objetivo do autor do texto
6 - Estudo do texto literário (valores sociais e humanos; aspectos do contexto histórico social e político; procedimentos d e contrução textual)
7 - Análise/Perspectiva crítica
8 - Aspectos gramaticais
9 - Estrutura e Função sociocomunicativa do gênero
10 - Funções da linguagem
11 - Progressão temática/organização e estruturação do texto
12 - Práticas corporais
13 - Artes Visuais/Música/Teatro/Dança
14 - Patrimônio linguístico e preservação da memória e identidade nacional
15 - Relação entre opiniões, temas e assuntos em diferentes textos

x é o número do assunto
y é a frequência de cada assunto

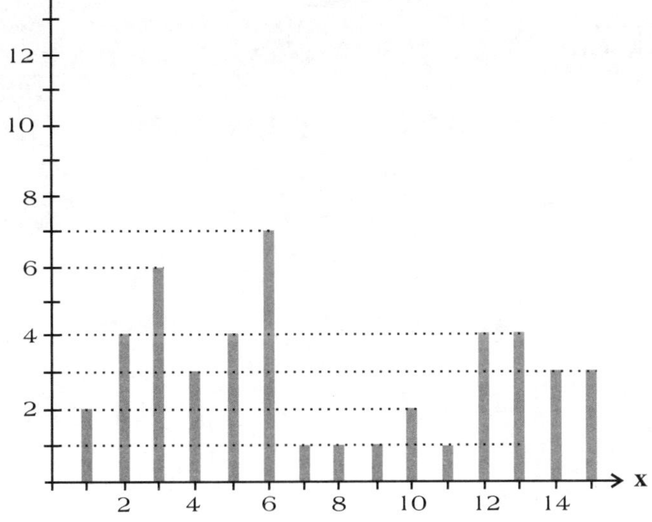

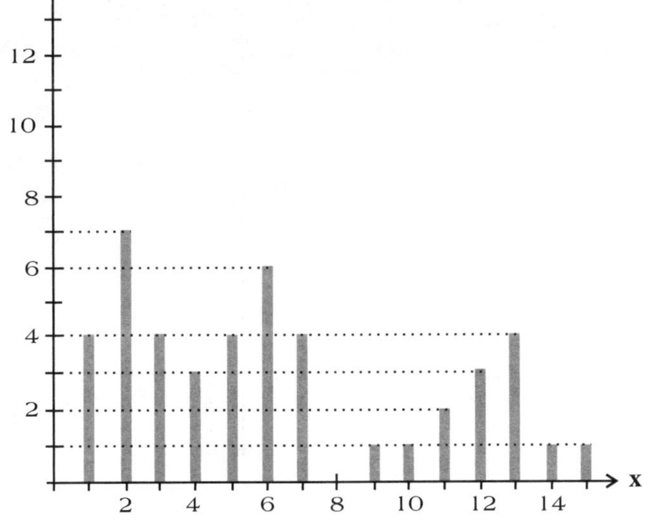

GRÁFICOS DE FREQUÊNCIA DOS ASSUNTOS POR ANO

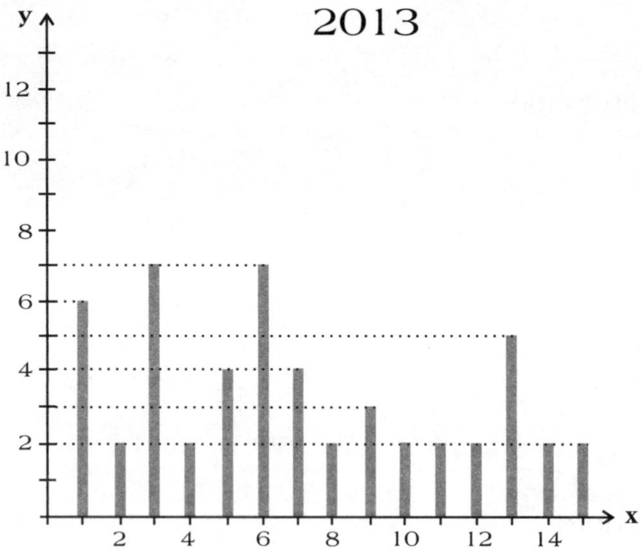

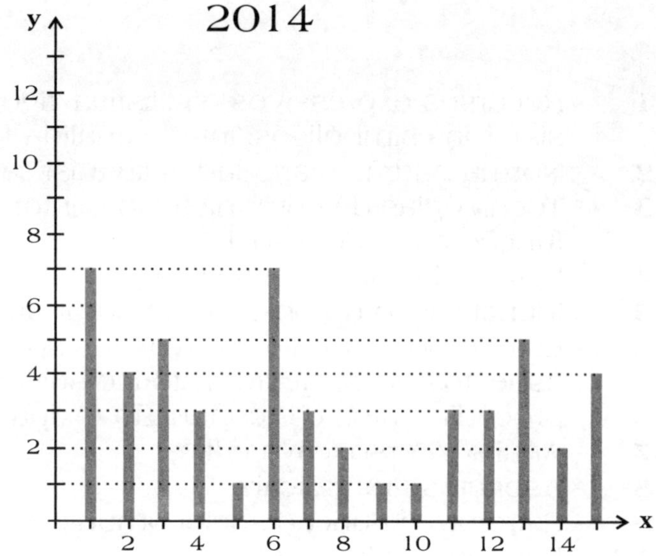

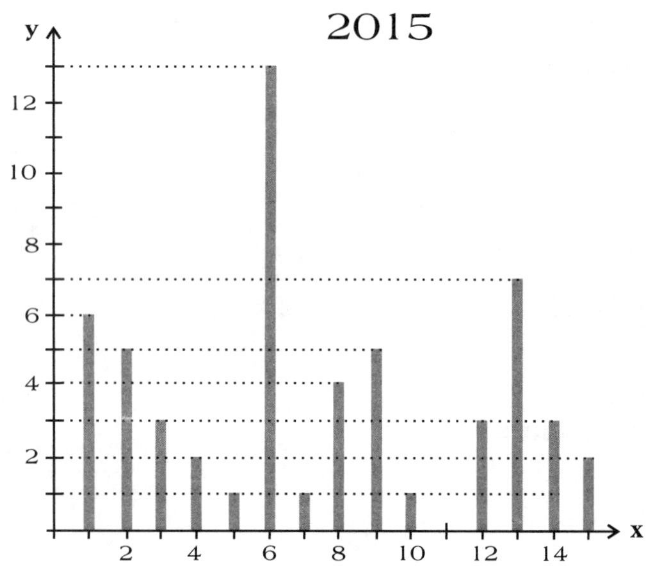

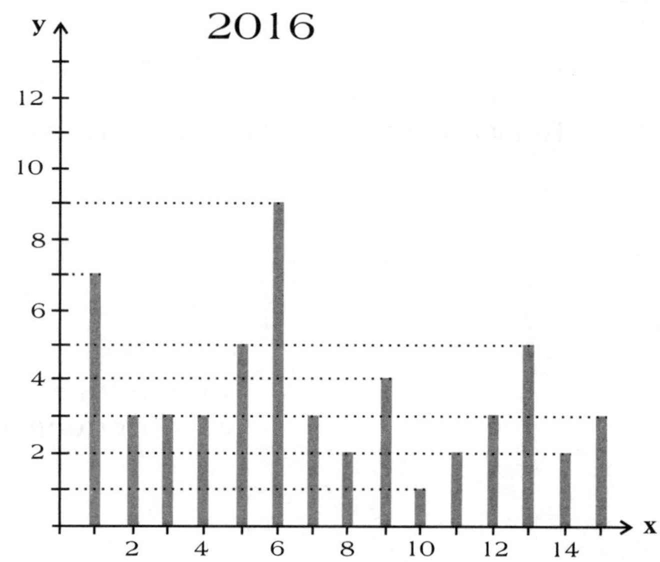

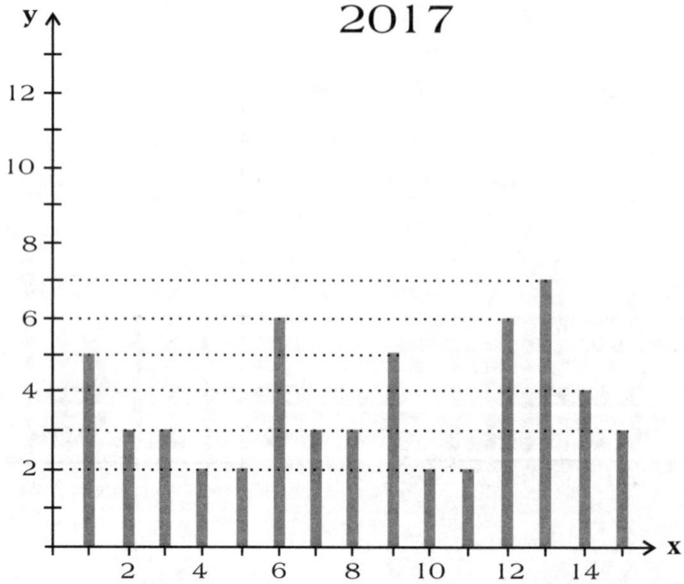

ENEM – 2011

1

Na modernidade, o corpo foi descoberto, despido e modelado pelos exercícios físicos da moda. Novos espaços e práticas esportivas e de ginástica passaram a convocar as pessoas a modelarem seus corpos. Multiplicaram-se as academias de ginástica, as salas de musculação e o número de pessoas correndo pelas ruas.

Secretaria da Educação, **Caderno do professor:** educação física. São Paulo, 2008.

Diante do exposto, é possível perceber que houve um aumento da procura por

a) exercícios físicos aquáticos (natação/hidroginástica), que são exercícios de baixo impacto, evitando o atrito (não prejudicando as articulações), e que previnem o envelhecimento precoce e melhoram a qualidade de vida.

b) mecanismos que permitem combinar alimentação e exercício físico, que permitem a aquisição e ma nutenção de níveis adequados de saúde, sem a preocupação com padrões de beleza instituídos socialmente.

c) programas saudáveis de emagrecimento, que evitam os prejuízos causados na regulação metabólica, função imunológica, integridade óssea e manutenção da capacidade funcional ao longo do envelhecimento.

d) exercícios de relaxamento, reeducação postural e alongamentos, que permitem um melhor funcionamento do organismo como um todo, bem como uma dieta alimentar e hábitos saudáveis com base em produtos naturais.

e) dietas que preconizam a ingestão excessiva ou restrita de um ou mais macronutrientes (carboidratos, gorduras ou proteínas), bem como exercícios que permitem um aumento de massa muscular e/ou modelar o corpo.

2

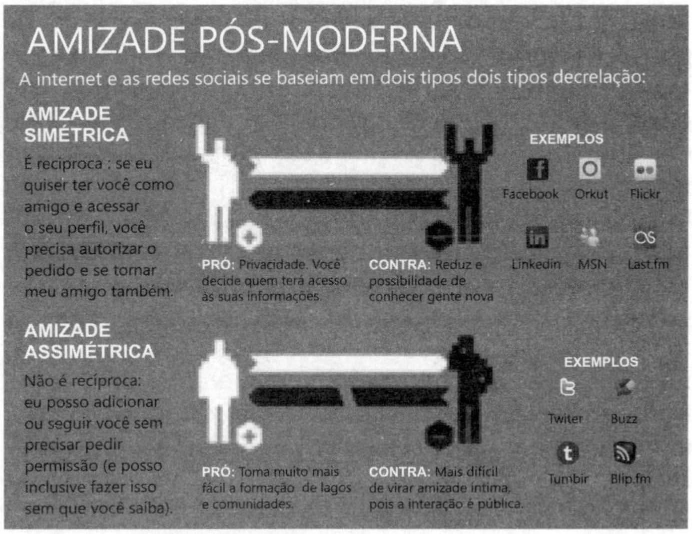

COSTA, C. ***Superinteressante**. Fev. 2011 (adaptado).*

Os amigos são um dos principais indicadores de bem--estar na vida social das pessoas. Da mesma forma que em outras áreas, a internet também inovou as maneiras de vivenciar a amizade. Da leitura do infográfico, depreendem-se dois tipos de amizade virtual, a simétrica e a assimétrica, ambas com seus prós e contras. Enquanto a primeira se baseia na relação de reciprocidade, a segunda

a) reduz o número de amigos virtuais, ao limitar o acesso à rede.

b) parte do anonimato obrigatório para se difundir.

c) reforça a configuração de laços mais profundos de amizade.

d) facilita a interação entre pessoas em virtude de inte resses comuns.

e) tem a responsabilidade de promover a proximidade física.

3

Quem é pobre, pouco se apega, é um giro-o-giro no vago dos gerais, que nem os pássaros de rios e lagoas. O senhor vê: o Zé-Zim, o melhor meeiro meu aqui, risonho e habilidoso. Pergunto: - Zé-Zim, por que é que você não cria galinhas-d'angola, como todo o mundo faz? -Quero criar nada não... - me deu resposta: -Eu gosto muito de mudar. [...] Belo um dia, ele tora. Ninguém discrepa. Eu, tantas, mesmo digo. Eu dou proteção. [...] Essa não faltou também à minha mãe, quando eu era menino, no sertãozinho de minha terra. [...] Gente melhor do lugar eram todos dessa família Guedes, Jidião Guedes; quando saíram de lá, nos trouxeram junto, minha mãe e eu. Ficamos existindo em território baixio da Sirga, da outra banda, ali onde o de - Janeiro vai no São Francisco, o senhor sabe.

ROSA, J. G. **Grande Sertão**: Veredas. Rio de Janeiro: José Olympio (fragmento).

Na passagem citada, Riobaldo expõe uma situação decorrente de uma desigualdade social típica das áreas rurais brasileiras marcadas pela concentração de terras e pela relação de dependência entre agregados e fazendeiros. No texto, destaca-se essa relação porque o personagem-narrador

a) relata a seu interlocutor a história de Zé-Zim, demonstrando sua pouca disposição em ajudar seus agregados, uma vez que superou essa condição graças à sua força de trabalho.

b) descreve o processo de transformação de um meeiro - espécie de agregado - em proprietário de terra.

c) denuncia a falta de compromisso e a desocupação dos moradores, que pouco se envolvem no trabalho da terra.

d) mostra como a condição material da vida do sertanejo é dificultada pela sua dupla condição de homem livre e, ao mesmo tempo, dependente.

e) mantém o distanciamento narrativo condizente com sua posição social, de proprietário de terras.

4

A discussão sobre "o fim do livro de papel" com a chegada da mídia eletrônica me lembra a discussão idêntica sobre a obsolescência do folheto de cordel. Os folhetos talvez não existam mais daqui a 100 ou 200 anos, mas mesmo que isso aconteça, os poemas de Leandro Gomes de Barros ou Manuel Camilo dos Santos continuarão sendo publicados e lidos - em CD-ROM, em livro eletrônico, em "chips quânticos", sei lá o quê. O texto é uma espécie de alma imortal, capaz de reencarnar em corpos variados: página impressa, livro em Braille, folheto, "*coffee-table book*", cópia manuscrita, arquivo PDF... Qualquer texto pode se reencarnar nesses (e em outros) formatos, não importa se é *Moby Dick ou Viagem a São Saruê, se é Macbeth ou O Livro de Piadas de Casseta & Planeta.*

TAVARES, B. Disponível em: http://jornaldaparaiba.globo.com.

Ao refletir sobre a possível extinção do livro impresso e o surgimento de outros suportes em via eletrônica, o cronista manifesta seu ponto de vista, defendendo que

a) o cordel é um dos gêneros textuais, por exemplo, que será extinto com o avanço da tecnologia.

b) o livro impresso permanecerá como objeto cultural veiculador de impressões e de valores culturais.

c) o surgimento da mídia eletrônica decretou o fim do prazer de se ler textos em livros e suportes impressos.

d) os textos continuarão vivos e passíveis de reprodução em novas tecnologias, mesmo que os livros desapareçam.

e) os livros impressos desaparecerão e, com eles, a possibilidade de se ler obras literárias dos mais diversos gêneros.

5

TEXTO I

Onde está a honestidade?

Você tem palacete reluzente
Tem joias e criados à vontade
Sem ter nenhuma herança ou parente
Só anda de automóvel na cidade...
E o povo já pergunta com maldade:
Onde está a honestidade?
Onde está a honestidade?

O seu dinheiro nasce de repente
E embora não se saiba se é verdade
Você acha nas ruas diariamente
Anéis, dinheiro e felicidade...
Vassoura dos salões da sociedade
Que varre o que encontrar em sua frente
Promove festivais de caridade
Em nome de qualquer defunto ausente...

ROSA, N. Disponível em: http://www.mpbnet.com.br. Acesso em: abr. 2010.

TEXTO II

Um vulto da história da música popular brasileira, reconhecido nacionalmente, é Noel Rosa. Ele nasceu em 1910, no Rio de Janeiro; portanto, se estivesse vivo, estaria completando 100 anos. Mas faleceu aos 26 anos de idade, vítima de tuberculose, deixando um acervo de grande valor para o patrimonio cultural brasileiro. Muitas de suas letras representam a sociedade contemporânea, como se tivessem sido escritas no século XXI.

Disponivel em: http://www.mpbnet.com.br Acesso em: abr. 2010.

Um texto pertencente ao patrimônio literário-cultural brasileiro é atualizável, na medida em que ele se refere a valores e situações de um povo. A atualidade da canção *Onde está a honestidade?*, de Noel Rosa, evidencia-se por meio

a) da ironia, ao se referir ao enriquecimento de origem duvidosa de alguns.
b) da crítica aos ricos que possuem joias, mas não têm herança.
c) da maldade do povo a perguntar sobre a honestidade.
d) do privilégio de alguns em clamar pela honestidade.
e) da insistência em promover eventos beneficentes.

6

TEXTO I

O meu nome é Severino,
não tenho outro de pia.
Como há muitos Severinos,
que é santo de romaria,
deram então de me chamar
Severino de Maria;
como há muitos Severinos
com mães chamadas Maria,
fiquei sendo o da Maria
do finado Zacarias,
mas isso ainda diz pouco:
há muitos na freguesia,
por causa de um coronel
que se chamou Zacarias
e que foi o mais antigo
senhor desta sesmaria.
Como então dizer quem fala
ora a Vossas Senhorias?

MELO NETO, J. C. Obra Completa. Rio de Janeiro: Aguilar, 1994 (fragmento).

TEXTO II

João Cabral, que já emprestara sua voz ao rio, transfere-a, aqui, ao retirante Severino, que, como o Capibaribe, também segue no caminho do Recife. A autoapresentação do personagem, na fala inicial do texto, nos mostra um Severino que, quanto mais se define, menos se individualiza, pois seus traços biográficos são sempre partilhados por outros homens.

SECCHIN, A. C. João Cabral: a poesia do menos. Rio de Janeiro: Topbooks, 1999 (fragmento).

Com base no trecho de *Morte e Vida Severina* (Texto I) e na análise crítica (Texto II), observa-se que a relação entre o texto poético e o contexto social a que ele faz referência aponta para um problema social expresso literariamente pela pergunta "Como então dizer quem fala / ora a Vossas Senhorias?". A resposta à pergunta expressa no poema é dada por meio da

a) descrição minuciosa dos traços biográficos do personagem-narrador.
b) construção da figura do retirante nordestino como um homem resignado com a sua situação.
c) representação, na figura do personagem-narrador, de outros Severinos que compartilham sua condição.
d) apresentação do personagem-narrador como uma projeção do próprio poeta, em sua crise existencial.
e) descrição de Severino, que, apesar de humilde, orgulha-se de ser descendente do coronel Zacarias.

Resp: **1** E **2** D

7

Disponível em: www.ccsp.com.br. Acesso em: 26 jul. 2010 (adaptado).

O anúncio publicitário está intimamente ligado ao ideário de consumo quando sua função é vender um produto. No texto apresentado, utilizam-se elementos linguísticos e extralinguísticos para divulgar a atração "Noites do Terror", de um parque de diversões. O entendimento da propaganda requer do leitor

a) a identificação com o público-alvo a que se destina o anúncio.

b) a avaliação da imagem como uma sátira às atrações de terror.

c) a atenção para a imagem da parte do corpo humano selecionada aleatoriamente.

d) o reconhecimento do intertexto entre a publicidade e um dito popular.

e) a percepção do sentido literal da expressão "noites do terror", equivalente à expressão "noites de terror".

8

O hipertexto refere-se à escritura eletrônica não sequencial e não linear, que se bifurca e permite ao leitor o acesso a um número praticamente ilimitado de outros textos a partir de escolhas locais e sucessivas, em tempo real. Assim, o leitor tem condições de definir interativamente o fluxo de sua leitura a partir de assuntos tratados no texto sem se prender a uma sequência fixa ou a tópicos estabelecidos por um autor. Trata-se de uma forma de estruturação textual que faz do leitor simultaneamente coautor do texto final. O hipertexto se caracteriza, pois, como um processo de escritura/leitura eletrônica multilinearizado, multisequencial e indeterminado, realizado em um novo espaço de escrita. Assim, ao permitir vários níveis de tratamento de um tema, o hipertexto oferece a possibilidade de múltiplos graus de profundidade simultaneamente, já que não tem sequência definida, mas liga textos não necessariamente correlacionados.

MARLUSCHI, L. A. Disponível em: http://www.pucsp.br. Acesso em: 29 jun. 2011.

O computador mudou nossa maneira de ler e escrever, e o hipertexto pode ser considerado como um novo espaço de escrita e leitura. Definido como um conjunto de blocos autônomos de texto, apresentado em meio eletrônico computadorizado e no qual há remissões associando entre si diversos elementos, o hipertexto

a) é uma estratégia que, ao possibilitar caminhos totalmente abertos, desfavorece o leitor, ao confundir os conceitos cristalizados tradicionalmente.

b) é uma forma artificial de produção da escrita, que, ao desviar o foco da leitura, pode ter como consequência o menosprezo pela escrita tradicional.

c) exige do leitor um maior grau de conhecimentos prévios, por isso deve ser evitado pelos estudantes nas suas pesquisas escolares.

d) facilita a pesquisa, pois proporciona uma informação específica, segura e verdadeira, em qualquer site de busca ou blog oferecidos na internet.

e) possibilita ao leitor escolher seu próprio percurso de leitura, sem seguir sequência predeterminada, constituindo-se em atividade mais coletiva e colaborativa.

9

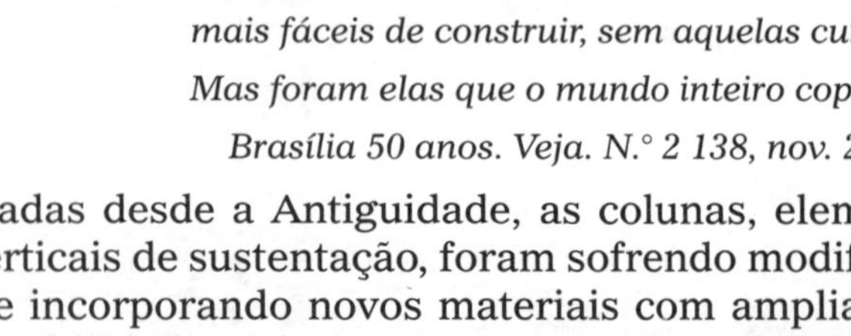

IMODESTO. "As colunas do Alvorada podiam ser mais fáceis de construir, sem aquelas curvas. Mas foram elas que o mundo inteiro copiou." Brasília 50 anos. Veja. N.° 2 138, nov. 2009.

Utilizadas desde a Antiguidade, as colunas, elementos verticais de sustentação, foram sofrendo modificações e incorporando novos materiais com ampliação de possibilidades. Ainda que as clássicas colunas gregas sejam retomadas, notáveis inovações são percebidas, por exemplo, nas obras de Oscar Niemeyer, arquiteto brasileiro nascido no Rio de Janeiro em 1907. No desenho de Niemeyer, das colunas do Palácio da Alvorada, observa-se

a) a presença de um capitel muito simples, reforçando a sustentação.

b) o traçado simples de amplas linhas curvas opostas, resultando em formas marcantes.

c) a disposição simétrica das curvas, conferindo saliência e distorção à base.

d) a oposição de curvas em concreto, configurando certo peso e rebuscamento.

e) o excesso de linhas curvas, levando a um exagero na ornamentação.

10

Conceitos e importância das lutas

Antes de se tornarem esporte, as lutas ou as artes marciais tiveram duas conotações principais: eram praticadas com o objetivo guerreiro ou tinham um apelo filosófico como concepção de vida bastante significativo.

Atualmente, nos deparamos com a grande expansão das artes marciais em nível mundial. As raízes orientais foram se disseminando, ora pela necessidade de luta pela sobrevivência ou para a "defesa pessoal", ora pela possibilidade de ter as artes marciais como própria filosofia de vida.

CARREIRO, E. A. ***Educação Física na escola**:*
Implicações para a prática pedagógica. Rio de Janeiro:
Guanabara Koogan, 2008 (fragmento).

Um dos problemas da violência que está presente principalmente nos grandes centros urbanos são as brigas e os enfrentamentos de torcidas organizadas, além da formação de gangues, que se apropriam de gestos das lutas, resultando, muitas vezes, em fatalidades. Portanto, o verdadeiro objetivo da aprendizagem desses movimentos foi mal compreendido, afinal as lutas

a) se tornaram um esporte, mas eram praticadas com o objetivo guerreiro a fim de garantir a sobrevivência.

b) apresentam a possibilidade de desenvolver o autocontrole, o respeito ao outro e a formação do caráter.

c) possuem como objetivo principal a "defesa pessoal" por meio de golpes agressivos sobre o adversário.

d) sofreram transformações em seus princípios filosóficos em razão de sua disseminação pelo mundo.

e) se disseminaram pela necessidade de luta pela sobrevivência ou como filosofia pessoal de vida.

11

O tema da velhice foi objeto de estudo de brilhantes filósofos ao longo dos tempos. Um dos melhores livros sobre o assunto foi escrito pelo pensador e orador romano Cícero: A Arte do Envelhecimento. Cícero nota, primeiramente, que todas as idades têm seus encantos e suas dificuldades. E depois aponta para um paradoxo da humanidade. Todos sonhamos ter uma vida longa, o que significa viver muitos anos. Quando realizamos a meta, em vez de celebrar o feito, nos atiramos a um estado de melancolia e amargura. Ler as palavras de Cícero sobre envelhecimento pode ajudar a aceitar melhor a passagem do tempo.

NOGUEIRA, P. Saúde & Bem-Estar Antienvelhecimento.
***Época** 28 abr. 2008.*

O autor discute problemas relacionados ao envelhecimento, apresentando argumentos que levam a inferir que seu objetivo é

a) esclarecer que a velhice é inevitável.

b) contar fatos sobre a arte de envelhecer.

c) defender a ideia de que a velhice é desagradável.

d) influenciar o leitor para que lute contra o envelhecimento.

e) mostrar às pessoas que é possível aceitar, sem angústia, o envelhecimento.

12

Não tem tradução

[...]
Lá no morro, se eu fizer uma falseta
A Risoleta desiste logo do francês e do inglês
A gíria que o nosso morro criou
Bem cedo a cidade aceitou e usou
[...]
Essa gente hoje em dia que tem mania de exibição
Não entende que o samba não tem tradução no idioma francês
Tudo aquilo que o malandro pronuncia
Com voz macia é brasileiro, já passou de português
Amor lá no morro é amor pra chuchu
As rimas do samba não são I love you
E esse negócio de alô, alô boy e alô Johnny
Só pode ser conversa de telefone

ROSA, N. in: SOBRAL, João J. V. A tradução dos bambas .
***Revista Língua Portuguesa.** Ano 4, n.º 54. São Paulo.*
Segmento. abr. 2010 (fragmento).

Resp: 3 D | 4 D | 5 A | 6 C

As canções de Noel Rosa, compositor brasileiro de Vila Isabel, apesar de revelarem uma aguçada preocupação do artista com seu tempo e com as mudanças político culturais no Brasil, no início dos anos 1920, ainda são modernas. Nesse fragmento do samba *Não tem tradução*, por meio do recurso da metalinguagem, o poeta propõe

a) incorporar novos costumes de origem francesa e americana, juntamente com vocábulos estrangeiros.

b) respeitar e preservar o português padrão como forma de fortalecimento do idioma do Brasil.

c) valorizar a fala popular brasileira como patrimônio linguístico e forma legítima de identidade nacional.

d) mudar os valores sociais vigentes à época, com o advento do novo e quente ritmo da música popular brasileira.

e) ironizar a malandragem carioca, aculturada pela invasão de valores étnicos de sociedades mais desenvolvidas.

13

A dança é um importante componente cultural da humanidade. O folclore brasileiro é rico em danças que representam as tradições e a cultura de várias regiões do país. Estão ligadas aos aspectos religiosos, festas, lendas, fatos históricos, acontecimentos do cotidiano e brincadeiras e caracterizam-se pelas músicas animadas (com letras simples e populares), figurinos e cenários representativos.

SECRETARIA DA EDUCAÇÃO. Proposta Curricular do Estado de São Paulo. Educação Física, São Paulo 2009 (adaptado).

A dança, como manifestação e representação da cultura rítmica, envolve a expressão corporal própria de um povo. Considerando-a como elemento folclórico, a dança revela

a) manifestações afetivas, históricas, ideológicas, intelectuais e espirituais de um povo, refletindo seu modo de expressar-se no mundo.

b) aspectos eminentemente afetivos, espirituais e de entretenimento de um povo, desconsiderando fatos históricos.

c) acontecimentos do cotidiano, sob influência mitológica e religiosa de cada região, sobrepondo aspectos políticos.

d) tradições culturais de cada região, cujas manifestações rítmicas são classificadas em um ranking das mais originais.

e) lendas, que se sustentam em inverdades históricas, uma vez que são inventadas, e servem apenas para a vivência lúdica de um povo.

14

Cultivar um estilo de vida saudável é extremamente importante para diminuir o risco de infarto, mas também de problemas como morte súbita e derrame. Significa que manter uma alimentação saudável e praticar atividade física regularmente já reduz, por si só, as chances de desenvolver vários problemas. Além disso, é importante para o controle da pressão arterial, dos níveis de colesterol e de glicose no sangue. Também ajuda a diminuir o estresse e aumentar a capacidade física, fatores que, somados, reduzem as chances de infarto. Exercitar-se, nesses casos, com acompanhamento médico e moderação, é altamente recomendável.

ATALIA, M. Nossa vida. ***Época****, 23 mar. 2009.*

As ideias veiculadas no texto se organizam estabelecendo relações que atuam na construção do sentido. A esse respeito, identifica-se, no fragmento, que

a) a expressão "Além disso" marca uma sequenciação de ideias.

b) o conectivo "mas também" inicia oração que exprime ideia de contraste.

c) o termo "como", em "como morte súbita e derrame", introduz uma generalização.

d) o termo "Também" exprime uma justificativa.

e) o termo "fatores" retoma coesivamente "níveis de colesterol e de glicose no sangue".

15

TEXTO I

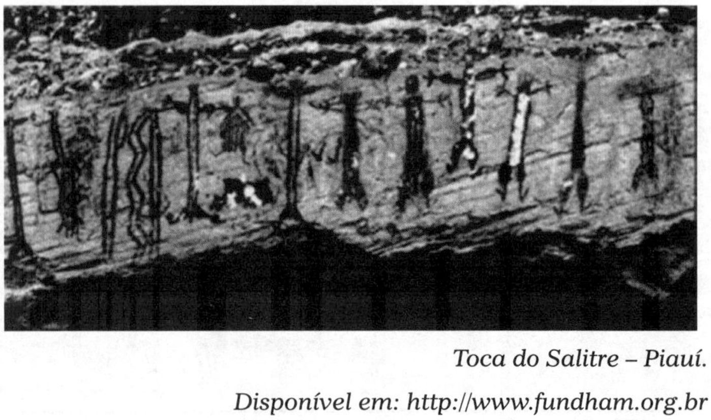

Toca do Salitre – Piauí.

Disponível em: http://www.fundham.org.br

Acesso em: 27 jul. 2010.

TEXTO II

Arte Urbana. Foto: Diego Singh.
Disponível em: http://www.diaadia.pr.gov.br
Acesso em: 27 jul. 2010.

O grafite contemporâneo, considerado em alguns momentos como uma arte marginal, tem sido comparado às pinturas murais de várias épocas e às escritas pré-históricas. Observando as imagens apresentadas, é possível reconhecer elementos comuns entre os tipos de pinturas murais, tais como

a) a preferência por tintas naturais, em razão de seu efeito estético.
b) a inovação na técnica de pintura, rompendo com modelos estabelecidos.
c) o registro do pensamento e das crenças das sociedades em várias épocas.
d) a repetição dos temas e a restrição de uso pelas classes dominantes.
e) o uso exclusivista da arte para atender aos interesses da elite.

16

LEIRNER, N. Tronco com cadeira (detalhe), 1964.
Disponível em: http://www.itaucultural.org.br
Acesso em: 27 jul. 2010.

Nessa estranha dignidade e nesse abandono, o objeto foi exaltado de maneira ilimitada e ganhou um significado que se pode considerar mágico. Daí sua "vida inquietante e absurda". Tornou-se ídolo e, ao mesmo tempo, objeto de zombaria. Sua realidade intrínseca foi anulada.

JAFFÉ, A. O simbolismo nas artes plásticas.
In: JUNG, C. G. (org.). ***O homem e os seus símbolos.***
Rio de Janeiro: Nova Fronteira, 2008.

A relação observada entre a imagem e o texto apresentados permite o entendimento da intenção de um artista contemporâneo. Neste caso, a obra apresenta características

a) funcionais e de sofisticação decorativa.
b) futuristas e do abstrato geométrico.
c) construtivistas e de estruturas modulares.
d) abstracionistas e de releitura do objeto.
e) figurativas e de representação do cotidiano.

Resp: **7** D **8** E **9** B **10** B **11** E **12** C

17

No Capricho

O Adãozinho, meu cumpade, enquanto esperava pelo delegado, olhava para um quadro, a pintura de uma senhora. Ao entrar a autoridade e percebendo que o cabôco admirava tal figura, perguntou: "Que tal? Gosta desse quadro?"

E o Adãozinho, com toda a sinceridade que Deus dá ao cabôco da roça: "Mas pelo amor de Deus, hein, dotô! Que muié feia! Parece fiote de cruis-credo, parente do deus-me-livre, mais horriver que briga de cego no escuro."

Ao que o delegado não teve como deixar de confessar, um pouco secamente: "É a minha mãe." E o cabôco, em cima da bucha, não perde a linha: "Mais dotô, inté que é uma feiura caprichada."

*BOLDRIN. R. **Almanaque Brasil de Cultura Popular.** São Paulo: Andreato Comunicação e Cultura. n.o 62.. 2004 (adaptado).*

Por suas características formais, por sua função e uso, o texto pertence ao gênero.

a) anedota, pelo enredo e humor característicos.
b) crônica, pela abordagem literária de fatos do cotidiano.
c) depoimento, pela apresentação de experiências pessoais.
d) relato, pela descrição minuciosa de fatos verídicos.
e) reportagem, pelo registro impessoal de situações reais.

18

Estrada

Esta estrada onde moro, entre duas voltas do caminho,
Interessa mais que uma avenida urbana.
Nas cidades todas as pessoas se parecem.
Todo mundo é igual. Todo o mundo é toda a gente.
Aqui, não: sente-se bem que cada um traz a sua alma.
Cada criatura é única.
Até os cães.
Estes cães da roça parecem homens de negócios:
Andam sempre preocupados.
E quanta gente vem e vai!
E tudo tem aquele caráter impressivo que faz meditar:
Enterro a pé ou a carrocinha de leite puxada por um bodezinho manhoso.
Nem falta o murmúrio da água, para sugerir, pela voz dos símbolos,
Que a vida passa! que a vida passa!
E que a mocidade vai acabar.

*BANDEIRA, M. **O ritmo dissoluto.** Rio de Janeiro: Aguilar, 1967.*

A lírica de Manuel Bandeira é pautada na apreensão de significados profundos a partir de elementos do cotidiano. No poema *Estrada*, o lirismo presente no contraste entre campo e cidade aponta para

a) o desejo do eu lírico de resgatar a movimentação dos centros urbanos, o que revela sua nostalgia com relação à cidade.
b) a percepção do caráter efêmero da vida, possibilitada pela observação da aparente inércia da vida rural.
c) a opção do eu lírico pelo espaço bucólico como possibilidade de meditação sobre a sua juventude.
d) a visão negativa da passagem do tempo, visto que esta gera insegurança.
e) a profunda sensação de medo gerada pela reflexão acerca da morte.

19

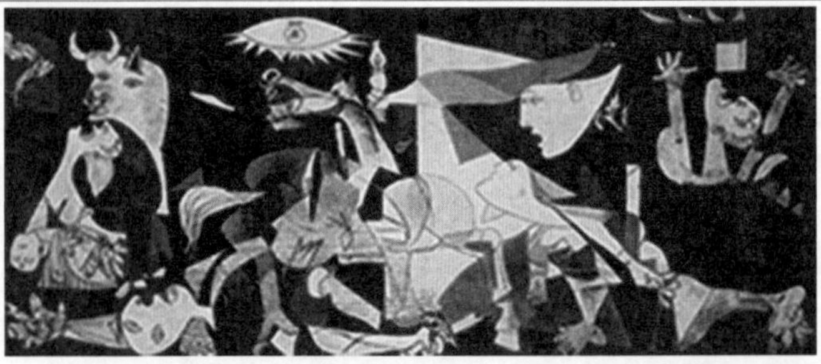

*PICASSO, P. **Guernica.** Óleo sobre tela. 349 x 777 cm. Museu Reina Sofia, Espanha, 1937. Disponível em: http://www.fddreis.files.wordpress.com. Acesso em: 26 jul. 2010.*

O pintor espanhol Pablo Picasso (1881-1973), um dos mais valorizados no mundo artístico, tanto em termos financeiros quanto históricos, criou a obra *Guernica* em protesto ao ataque aéreo à pequena cidade basca de mesmo nome. A obra, feita para integrar o Salão Internacional de Artes Plásticas de Paris, percorreu toda a Europa, chegando aos EUA e instalando-se no MoMA, de onde sairia apenas em 1981. Essa obra cubista apresenta elementos plásticos identificados pelo

a) painel ideográfico, monocromático, que enfoca várias dimensões de um evento, renunciando à realidade, colocando-se em plano frontal ao espectador.
b) horror da guerra de forma fotográfica, com o uso da perspectiva clássica, envolvendo o espectador nesse exemplo brutal de crueldade do ser humano.
c) uso das formas geométricas no mesmo plano, sem emoção e expressão, despreocupado com o volume, a perpespectiva e a sensação escultórica.
d) esfacelamento dos objetos abordados na mesma narrativa, minimizando a dor humana a serviço da objetividade, observada pelo uso do claro-escuro.
e) uso de vários ícones que representam personagens fragmentados bidimensionalmente, de forma fotográfica livre de sentimentalismo.

20

No Brasil, a condição cidadã, embora dependa da leitura e da escrita, não se basta pela enunciação do direito, nem pelo domínio desses instrumentos, o que, sem dúvida, viabiliza melhor participação social. A condição cidadã depende, seguramente, da ruptura com o ciclo da pobreza, que penaliza um largo contingente populacional.

Formação de leitores e construção da cidadania, memória e presença do PROLER. *Rio de Janeiro: FBN, 2008.*

Ao argumentar que a aquisição das habilidades de leitura e escrita não são suficientes para garantir o exercício da cidadania, o autor

a) critica os processos de aquisição da leitura e da escrita.
b) fala sobre o domínio da leitura e da escrita no Brasil.
c) incentiva a participação efetiva na vida da comunidade.
d) faz uma avaliação crítica a respeito da condição cidadã do brasileiro.
e) define instrumentos eficazes para elevar a condição social da população do Brasil.

21

É água que não acaba mais

Dados preliminares divulgados por pesquisadores da Universidade Federal do Pará (UFPA) apontaram o Aquífero Alter do Chão como o maior depósito de água potável do planeta. Com volume estimado em 86 000 quilômetros cúbicos de água doce, a reserva subterrânea está localizada sob os estados do Amazonas, Pará e Amapá. “Essa quantidade de água seria suficiente para abastecer a população mundial durante 500 anos”, diz Milton Matta, geólogo da UFPA. Em termos comparativos, Alter do Chão tem quase o dobro do volume de água do Aquífero Guarani (com 45 000 quilômetros cúbicos). Até então, Guarani era a maior reserva subterrânea do mundo, distribuída por Brasil, Argentina, Paraguai e Uruguai.

Época. *N.º 623, 26 abr. 2010.*

Essa notícia, publicada em uma revista de grande circulação, apresenta resultados de uma pesquisa científica realizada por uma universidade brasileira. Nessa situação específica de comunicação, a função referencial da linguagem predomina, porque o autor do texto prioriza

a) as suas opiniões, baseadas em fatos.
b) os aspectos objetivos e precisos.
c) os elementos de persuasão do leitor.
d) os elementos estéticos na construção do texto.
e) os aspectos subjetivos da mencionada pesquisa.

22

Pequeno concerto que virou canção

Não, não há por que mentir ou esconder
A dor que foi maior do que é capaz meu coração
Não, nem há por que seguir cantando só para explicar
Não vai nunca entender de amor quem nunca soube amar
Ah, eu vou voltar pra mim
Seguir sozinho assim
Até me consumir ou consumir toda essa dor
Até sentir de novo o coração capaz de amor

VANDRÉ, G. Disponível em: http://www.letras.terra.com.br Acesso em: 29 jun. 2011.

Resp: 12 C 13 A 14 A 15 C 16 D

Na canção de Geraldo Vandré, tem-se a manifestação da função poética da linguagem, que é percebida na elaboração artística e criativa da mensagem, por meio de combinações sonoras e rítmicas. Pela análise do texto, entretanto, percebe-se, também, a presença marcante da função emotiva ou expressiva, por meio da qual o emissor

a) imprime à canção as marcas de sua atitude pessoal, seus sentimentos.
b) transmite informações objetivas sobre o tema de que trata a canção.
c) busca persuadir o receptor da canção a adotar um certo comportamento.
d) procura explicar a própria linguagem que utiliza para construir a canção.
e) objetiva verificar ou fortalecer a eficiência da mensagem veiculada.

23

Quando os portugueses se instalaram no Brasil, o país era povoado de índios. Importaram, depois, da África, grande número de escravos. O Português, o Índio e o Negro constituem, durante o período colonial, as três bases da população brasileira. Mas no que se refere à cultura, a contribuição do Português foi de longe a mais notada.

Durante muito tempo o português e o tupi viveram lado a lado como línguas de comunicação. Era o tupi que utilizavam os bandeirantes nas suas expedições. Em 1694, dizia o Padre Antônio Vieira que "as famílias dos portugueses e índios em São Paulo estão tão ligadas hoje umas com as outras, que as mulheres e os filhos se criam mística e domesticamente, e a língua que nas ditas famílias se fala é a dos Índios, e a portuguesa a vão os meninos aprender à escola."

TEYSSIER, P. ***História da língua portuguesa****. Lisboa: Livraria Sá da Costa, 1984 (adaptado).*

A identidade de uma nação está diretamente ligada à cultura de seu povo. O texto mostra que, no período colonial brasileiro, o Português, o Índio e o Negro formaram a base da população e que o patrimônio linguístico brasileiro é resultado da

a) contribuição dos índios na escolarização dos brasileiros.
b) diferença entre as línguas dos colonizadores e as dos indígenas.
c) importância do padre Antônio Vieira para a literatura de língua portuguesa.
d) origem das diferenças entre a língua portuguesa e as línguas tupi.
e) interação pacífica no uso da língua portuguesa e da língua tupi.

24

Abatidos pelo fadinho harmonioso e nostálgico dos desterrados, iam todos, até mesmo os brasileiros, se concentrando e caindo em tristeza; mas, de repente, o cavaquinho de Porfiro, acompanhado pelo violão do Firmo, romperam vibrantemente com um chorado baiano. Nada mais que os primeiros acordes da música crioula para que o sangue de toda aquela gente despertasse logo, como se alguém lhe fustigasse o corpo com urtigas bravas. E seguiram-se outras notas, e outras, cada vez mais ardentes e mais delirantes. Já não eram dois instrumentos que soavam, eram lúbricos gemidos e suspiros soltos em torrente, a correrem serpenteando, como cobras numa floresta incendiada; eram ais convulsos, chorados em frenesi de amor: música feita de beijos e soluços gostosos; carícia de fera, carícia de doer, fazendo estalar de gozo.

AZEVEDO, A. ***O Cortiço****. São Paulo: Ática, 1983 (fragmento).*

No romance O Cortiço (1890), de Aluízio Azevedo, as personagens são observadas como elementos coletivos caracterizados por condicionantes de origem social, sexo e etnia. Na passagem transcrita, o confronto entre brasileiros e portugueses revela prevalência do elemento brasileiro, pois

a) destaca o nome de personagens brasileiras e omite o de personagens portuguesas.
b) exalta a força do cenário natural brasileiro e considera o do português inexpressivo.
c) mostra o poder envolvente da música brasileira, que cola o fado português.
d) destaca o sentimentalismo brasileiro, contrário à tristeza dos portugueses.
e) atribui aos brasileiros uma habilidade maior com instrumentos musicais.

25

Guardar

Guardar uma coisa não é escondê-la ou trancá-la.
Em cofre não se guarda coisa alguma.
Em cofre perde-se a coisa à vista.
Guardar uma coisa é olhá-la, fitá-la, mirá-la por
admirá-la, isto é, iluminá-la ou ser por ela iluminado.
Guardar uma coisa é vigiá-la, isto é, fazer vigília por
ela, isto é, velar por ela, isto é, estar acordado por ela,
isto é, estar por ela ou ser por ela.
Por isso melhor se guarda o voo de um pássaro
Do que um pássaro sem voos.
Por isso se escreve, por isso se diz, por isso se publica,
por isso se declara e declama um poema:
Para guardá-lo:
Para que ele, por sua vez, guarde o que guarda:
Guarde o que quer que guarda um poema:
Por isso o lance do poema:
Por guardar-se o que se quer guardar.

MACHADO, G, in: MORICONI, I. (org.). ***Os cem melhores poemas brasileiros do século.*** *Rio de Janeiro: Objetiva, 2001.*

A memória é um importante recurso do patrimônio cultural de uma nação. Ela está presenta nas lembranças do passado e no acervo cultural de um povo. Ao tratar o fazer poético como uma das maneiras de se guardar o que se quer, o texto

a) ressalta a importância dos estudos históricos para a construção da memória social de um povo.
b) valoriza as lembranças individuais em detrimento das narrativas populares ou coletivas.
c) reforça a capacidade da literatura em promover a subjetividade e os valores humanos.
d) destaca a importância de reservar o texto literário àqueles que possuem maior repertório cultural.
e) revela a superioridade da escrita poética como forma ideal de preservação da memória cultural.

26

Lépida e leve

Língua do meu Amor velosa e doce,
que me convences de que sou frase,
que me contornas, que me vestes quase,
como se o corpo meu de ti vindo me fosse.
Língua que me cativas, que me enleias
os surtos de ave estranha,
em linhas longas de invisíveis teias,
de que és, há tanto, habilidosa aranha...
[...]
Amo-te as sugestões gloriosas e funestas,
amo-te como todas as mulheres
te amam, ó língua-lama, ó língua-resplendor,
pela carne de som que à ideia emprestas
e pelas frases mudas que proferes
nos silêncios de Amor!...

MACHADO, G. in: MORICONI, I. (org.). ***Os cem melhores poemas brasileiros do século.*** *Rio de Janeiro: Objetiva, 2001 (fragmento).*

A poesia de Gilka Machado identifica-se com as concepções artísticas simbolistas. Entretanto, o texto selecionado incorpora referências temáticas e formais modernistas, já que, nele, a poeta

a) procura desconstruir a visão metafórica do amor e abandona o cuidado formal.
b) concebe a mulher como um ser sem linguagem e questiona o poder da palavra.
c) questiona o trabalho intelectual da mulher e antecipa a construção do verso livre.
d) propõe um modelo novo de erotização na lírica amorosa e propõe a simplificação verbal.
e) explora a construção da essência feminina, a partir da polissemia de "língua", e inova o léxico.

Resp: **17** A **18** B **19** A **20** D **21** B

27

Texto para as questões 23 e 24

O Conar existe para coibir os exageros na propaganda. ~~E ele é 100% eficiente nesta missão~~

CONAR
Propaganda boa é propaganda responsável

Nós adoraríamos dizer que somos perfeitos. Que somos infalíveis. Que não cometemos nem mesmo o menor deslize. E só não falamos isso por um pequeno detalhe: seria uma mentira. Aliás, em vez de usar a palavra "mentira", como acabamos de fazer, poderíamos optar por um eufemismo. "Meia-verdade", por exemplo, seria um termo muito menos agressivo. Mas nós não usamos esta palavra simplesmente porque não acreditamos que exista uma "Meia-verdade". Para o Conar, Conselho Nacional de Autorregulamentação Publicitária, existem a verdade e a mentira. Existem a honestidade e a desonestidade. Absolutamente nada no meio. O Conar nasceu há 29 anos (viu só? não arredondamos para 30) com a missão de zelar pela ética na publicidade. Não fazemos isso porque somos bonzinhos (gostaríamos de dizer isso, mas, mais uma vez, seria mentira). Fazemos isso porque é a única forma da propaganda ter o máximo de credibilidade. E, cá entre nós, para que serviria a propaganda se o consumidor não acreditasse nela?

Qualquer pessoa que se sinta enganada por uma peça publicitária pode fazer uma reclamação ao Conar. Ele analisa cuidadosamente todas as denúncias e, quando é o caso, aplica a punição.

*Anúncio veiculado na Revista **Veja**. São Paulo: Abril. Ed. 2120, ano 42, n.o 27, 8 jul. 2009.*

Considerando autoria e a seleção lexical desse texto, bem como os argumentos nele mobilizados, constata-se que o objetivo do autor do texto é

a) informar os consumidores em geral sobre a atuação do Conar.

b) conscientizar publicitários do compromisso ético ao elaborar suas peças publicitárias.

c) alertar chefes de família, para que eles fiscalizem o conteúdo das propagandas veiculadas pela mídia.

d) chamar a atenção de empresários e anunciantes em geral para suas responsabilidades ao contratarem publicitários sem ética.

e) chamar a atenção de empresas para os efeitos nocivos que elas podem causar à sociedade, se compactuarem com propagandas enganosas.

28

O recurso gráfico utilizado no anúncio publitário – de destacar a potencial supressão de trecho do texto – reforça a eficácia pretendida, revelada na estratégia de

a) ressaltar a informação no título, em detrimento do restante do conteúdo associado.

b) incluir o leitor por meio do uso da 1ª pessoa do plural no discurso.

c) contar a história da criação do órgão como argumento de autoridade.

d) subverter o fazer publicitário pelo uso de sua metalinguagem.

e) impressionar o leitor pelo jogo de palavras no texto.

29

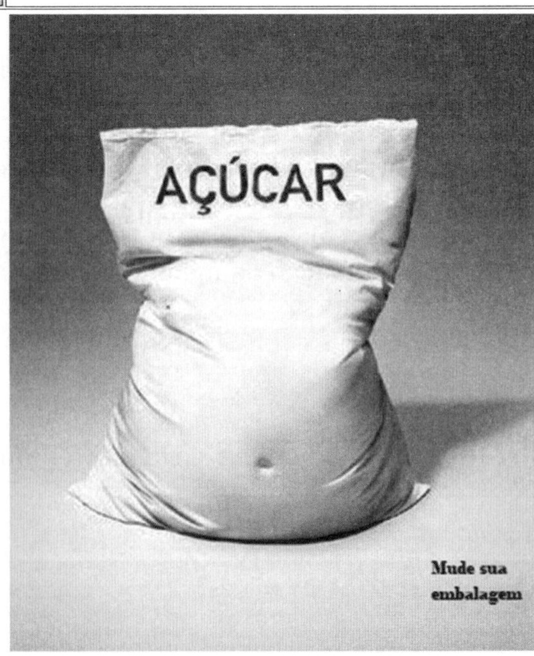

Disponível em: http://www.ccsp.com.br Acesso em: 27 jul. 2010 (adaptado).

O texto é uma propaganda de um adoçante que tem o seguinte mote: "Mude sua embalagem". A estratégia que o autor utiliza para o convencimento do leitor baseia-se no emprego de recursos expressivos, verbais e não verbais, com vistas a

a) ridicularizar a forma física do possível cliente do produto anunciado, aconselhando-o a uma busca de mudanças estéticas.

b) enfatizar a tendência da sociedade contemporânea de buscar hábitos alimentares saudáveis, reforçando tal postura.

c) criticar o consumo excessivo de produtos industrializados por parte da população, propondo a redução desse consumo.

d) associar o vocábulo "açúcar" à imagem do corpo fora de forma, sugerindo a substituição desse produto pelo adoçante.

e) relacionar a imagem do saco de açúcar a um corpo humano que não desenvolve atividades físicas, incentivando a prática esportiva.

30

TEXTO I

O Brasil sempre deu respostas rápidas através da solidariedade do seu povo. Mas a mesma força que nos motiva a ajudar o próximo deveria também nos motivar a ter atitudes cidadãs. Não podemos mais transferir a culpa para quem é vítima ou até mesmo para a própria natureza, como se essa seguisse a lógica humana. Sobram desculpas esfarrapadas e falta competência da classe política.

Cartas. ***Isto é.*** *28 abr. 2010.*

TEXTO II

Não podemos negar ao povo sofrido todas as hipóteses de previsão dos desatres. Demagogos culpam os moradores; o governo e a prefeitura apelam para as pessoas saírem das áreas de risco e agora dizem que será compulsória a realocação. Então temos a realocar o Brasil inteiro! Criemos um serviço, similiar ao SUS, com alocação obrigatória de recursos orçamentários com rede de atendimento preventivo, onde participariam arquitetos, engenheiros, geólogos. Bem ou mal, esse "SUS" organizaria brigadas nos locais. Nos casos da dengue, por exemplo, poderia verificar as condições de acontecer epidemias. Seriam boas ações preventivas.

Carta do Leitor. ***Carta Capital.*** *28 abr. 2010 (adaptado).*

Os textos apresentados expressam opiniões de leitores acerca de relevante assunto para a sociedade brasileira. Os autores dos dois textos apontam para a

a) necessidade de trabalho voluntário contínuo para a resolução das mazelas sociais.

b) importância de ações preventivas para evitar catástrofes, indevidamente atribuídas aos políticos.

c) incapacidade política para agir de forma diligente na resolução das mazelas sociais.

d) urgência de se criarem novos órgãos públicos com as mesmas características do SUS.

e) impossibilidade de o homem agir de forma eficaz ou preventiva diante das ações da natureza.

31

SE NO INVERNO É DIFÍCIL ACORDAR, IMAGINE DORMIR.

Com a chegada do inverno, muitas pessoas perdem o sono. São milhões de necessitados que lutam contra a fome e o frio. Para vencer esta batalha, eles precisam de você. Deposite qualquer quantia. Você ajuda milhares de pessoas a terem uma boa noite e dorme com a consciência tranquila.

VEJA. *05 set. 1999 (adaptado).*

O produtor de anúncios publicitários utiliza-se de estratégias persuasivas para influenciar o comportamento de seu leitor. Entre os recursos argumentativos mobilizados pelo autor para obter a adesão do público à campanha, destaca-se nesse texto

Resp: **22** A **23** E **24** C **25** C **26** E

a) a oposição entre individual e coletivo, trazendo um ideário populista para o anúncio.

b) a utilização de tratamento informal com o leitor, o que suaviza a seriedade do problema.

c) o emprego de linguagem figurada, o que desvia a atenção da população do apelo financeiro.

d) o uso dos numerais "milhares" e "milhões", responsável pela supervalorização das condições dos necessitados.

e) o jogo de palavras entre "acordar" e "dormir", o que relativiza o problema do leitor em relação ao dos necessitados.

32

Entre ideia e tecnologia

O grande conceito por trás do Museu da Língua é apresentar o idioma como algo vivo e fundamental para o entendimento do que é ser brasileiro. Se nada nos define com clareza, a forma como falamos o português nas mais diversas situações cotidianas é talvez a melhor expressão da brasilidade.

*SCARDOVELI, E. **Revista Língua Portuguesa**. São Paulo: Segmento. Ano II, n.o 6, 2006.*

O texto propõe uma reflexão acerca da língua portuguesa, ressaltando para o leitor a

a) inauguração do museu e o grande investimento em cultura no país.

b) importância da língua para a construção da identidade nacional.

c) afetividade tão comum ao brasileiro, retratada através da língua.

d) relação entre o idioma e as políticas públicas na área de cultura.

e) diversidade étnica e linguística existente no território nacional.

33

Palavra indígena

A história da tribo Sapucaí, que traduziu para o idioma guarani os artefatos da era da computação que ganharam importância em sua vida, como mouse (que eles chamam de angojhá) e windows (oventã)

Quando a Internet chegou àquela comunidade, que abriga em torno de 400 guaranis, há quatro anos, por meio de um projeto do Comitê para Democratização da Informática (CDI), em parceria com a ONG Rede Povos da Floresta e com antena cedida pela Star One (da Embratel), Potty e sua aldeia logo vislumbraram as possibilidades de comunicação que a web traz.

Ele conta que usam a rede, por enquanto, somente para preparação e envio de documentos, mas perceberam que ela pode ajudar na preservação da cultura indígena.

A apropriação da rede se deu de forma gradual, mas os guaranis já incorporaram a novidade tecnológica ao seu estilo de vida. A importância da internet e da computação para eles está expressa num caso de rara incorporação: a do vocabulário.

— Um dia, o cacique da aldeia Sapucaí me ligou. "A gente não está querendo chamar computador de "computador". Sugeri a eles que criassem uma palavra em guarani. E criaram aiú irú rive, "caixa pra acumular a língua". Nós, brancos, usamos mouse, windows e outros termos, que eles começaram a adaptar para o idioma deles, como angojhá (rato) e oventã (janela) – conta Rodrigo Baggio, diretor do CDI.

Disponível em: http://www.revistalingua.uol.com.br Acesso em: 22 jul. 2010.

O uso das novas tecnologias de informação e comunicação fez surgir uma série de novos termos que foram acolhidos na sociedade brasileira em sua forma original, como: mouse, windows, download, site, homepage, entre outros. O texto trata da adaptação de termos da informática à língua indígena como uma reação da tribo Sapucaí, o que revela

a) a possibilidade que o índio Potty vislumbrou em relação à comunicação que a web pode trazer a seu povo e à facilidade no envio de documentos e na conversação em tempo real.

b) o uso da internet para preparação e envio de documentos, bem como a contribuição para as atividades relacionadas aos trabalhos da cultura indígena.

c) a preservação da identidade, demonstrada pela conservação do idioma, mesmo com a utilização de novas teonologias características da cultura de outros grupos sociais.

d) adesão ao projeto do Comitê para Democratização da Informática (CDI), que, em parceria com a ONG Rede Povos da Floresta, possibilitou o acesso à web, mesmo em ambiente inóspito.

e) a apropriação da nova tecnologia de forma gradual, evidente quando os guaranis incorporaram a novidade tecnológica ao seu estilo de vida com a possibilidade de acesso à internet.

34

Há certos usos consagrados na fala, e até mesmo na escrita, que, a depender do estrato social e do nível de escolaridade do falante, são, sem dúvida, previsíveis. Ocorrem até mesmo em falantes que dominam a variedade padrão, pois, na verdade, revelam tendências existentes na língua em seu processo de mudança que não podem ser bloqueadas em nome de um "ideal linguístico" que estaria representado pelas regras da gramática normativa. Usos como *ter* por *haver* em construções existenciais (*tem* muitos livros na estante), o do pronome objeto na posição de sujeito (para mim fazer o trabalho), a não-concordância das passivas com se (aluga-se casas) são indícios da existência, não de uma norma única, mas de uma pluralidade de normas, entendida, mais uma vez, norma como conjunto de hábitos linguísticos, sem implicar juízo de valor.

CALLOU, D.Gramática, variação e normas. In: VIEIRA, S. R.; BRANDÃO, S. (orgs). ***Ensino de gramática****: descrição e uso. São Paulo: Contexto, 2007 (fragmento).*

Considerando a reflexão trazida no texto a respeito da multiplicidade do discurso, verifica-se que

a) estudantes que não conhecem as diferenças entre língua escrita e língua falada empregam, indistintamente, usos aceitos na conversa com amigos quando vão elaborar um texto escrito.

b) falantes que dominam a variedade padrão do português do Brasil demonstram usos que confirmam a diferença entre a norma idealizada e a efetivamente praticada, mesmo por falantes mais escolarizados.

c) moradores de diversas regiões do país que enfrentam dificuldades ao se expressarem na escrita revelam a constante modificação das regras de emprego de pronomes e os casos especiais de concordância.

d) pessoas que se julgam no direito de contrariar a gramática ensinada na escola gostam de apresentar usos não aceitos socialmente para esconderem seu desconhecimento da norma padrão.

e) usuários que desvendam os mistérios e sutilezas da língua portuguesa empregam formas do verbo ter quando, na verdade, deveriam usar formas do verbo haver, contrariando as regras gramaticais.

35

MANDIOCA – mais um presente da Amazônia

Aipim, castelinha, macaxeira, maniva, maniveira. As designações da *Manihot utilissima* podem variar de região, no Brasil, mas uma delas deve ser levada em conta em todo o território nacional: pão-de-pobre – e por motivos óbvios.

Rica em fécula, a mandioca – uma planta rústica e nativa da Amazônia disseminada no mundo inteiro, especialmente pelos colonizadores portugueses – é a base de sustento de muitos brasileiros e o único alimento disponível para mais de 600 milhões de pessoas em vários pontos do planeta, e em particular em algumas regiões da África.

O melhor do Globo Rural*. Fev. 2005 (fragmento).*

De acordo com o texto, há no Brasil uma variedade de nomes para a *Manihot utilissima*, nome científico da mandioca. Esse fenômeno revela que

a) existem variedades regionais para nomear uma mesma espécie de planta.

b) mandioca é nome específico para a espécie existente na região amazônica.

c) "pão-de-pobre" é designação específica para a planta da região amazônica.

d) os nomes designam espécies diferentes da planta, conforme a região.

e) a planta é nomeada conforme as particularidades que apresenta.

Resp: **27** A **28** D **29** D **30** C

36

Motivadas ou não historicamente, normas prestigiadas ou estigmatizadas pela comunidade sobrepõem-se ao longo do território, seja numa relação de oposição, seja de complementaridade, sem, contudo, anular a interseção de usos que configuram uma norma nacional distinta da do português europeu. Ao focalizar essa questão, que opõe não só as normas do português de Portugal às normas do português brasileiro, mas também as chamadas normas cultas locais às populares ou vernáculas, deve-se insistir na ideia de que essas normas se consolidaram em diferentes momentos da nossa história e que só a partir do século XVII se pode começar a pensar na bifurcação das variantes continentais, ora em consequência de mudanças ocorridas no Brasil, ora em Portugal, ora, ainda, em ambos os territórios.

CALLOU, D. Gramática, variação e normas. In: VIEIRA, S.R.; BRANDÃO, S. (orgs). ***Ensino de gramática**: descrição e uso. São Paulo: Contexto, 2007 (adaptado).*

O português do Brasil não é uma língua uniforme. A variação linguística é um fenômeno natural, ao qual todas as línguas estão sujeitas. Ao considerar as variedades linguísticas, o texto mostra que as normas podem ser aprovadas ou condenadas socialmente, chamando a atenção do leitor para a

a) desconsideração da existência das normas populares pelos falantes da norma culta.
b) difusão do português de Portugal em todas as regiões do Brasil só a partir do século XVIII.
c) existência de usos da língua que caracterizam uma norma nacional do Brasil, distinta da de Portugal.
d) inexistência de normas cultas locais e populares ou vernáculas em um determinado país.
e) necessidade de se rejeitar a ideia de que os usos frequentes de uma língua devem ser aceitos.

37

VERÍSSIMO, L.F. As cobras em: Se ***Deus existe que eu seja atingido por um raio.*** *Porto Alegre: L&PM, 1997.*

O humor da tira decorre da reação de uma das cobras com relação ao uso de pronome pessoal reto, em vez de pronome oblíquo. De acordo com a norma padrão da língua, esse uso é inadequado, pois

a) contraria o uso previsto para o registro oral da língua.
b) contraria a marcação das funções sintáticas de sujeito e objeto.
c) gera inadequação na concordância com o verbo.
d) gera a ambiguidade na leitura do texto.
e) apresenta dupla marcação de sujeito.

38

Imagem para as questões 38 e 39.

O argumento presente na charge consiste em uma metá fora relativa à teoria evolucionista e ao desenvolvimento tecnológico. Considerando o contexto apresentado, verifica-se que o impacto tecnológico pode ocasionar

a) o surgimento de um homem dependente de um novo modelo tecnológico.
b) a mudança do homem em razão dos novos inventos que destroem sua realidade.
c) a problemática social de grande exclusão digital a partir da interferência da máquina.
d) a invenção de equipamentos que dificultam o trabalho do homem, em sua esfera social.
e) o retrocesso do desenvolvimento do homem em face da criação de ferramentas como lança, máquina e computador.

39

O homem evoluiu. Independentemente de teoria, essa evolução ocorreu de várias formas. No que concerne à evolução digital, o homem percorreu longo trajeto da pedra lascada ao mundo virtual. Tal fato culminou em um problema físico habitual, ilustrado na imagem, que propicia uma piora na qualidade de vida do usuário, uma vez que

a) a evolução ocorreu e com ela evoluíram as dores de cabeça, o estresse e a falta de atenção à família.
b) a vida sem o computador tornou-se quase inviável, mas se tem diminuído problemas de visão cansada.
c) a utilização demasiada do computador tem proporcionado o surgimento de cientistas que apresentam lesão por esforço repetitivo.
d) o homem criou o computador, que evoluiu, e hoje opera várias ações antes feitas pelas pessoas, tornandos sedentárias ou obesas.
e) o uso contínuo do computador de forma inadequada tem ocasionado má postura corporal.

40

O que é possível dizer em 140 caracteres?

Sucesso do Twitter no Brasil é oportunidade única de compreender a importância da concisão nos gêneros de de escrita

A máxima "menos é mais" nunca fez tanto sentido como no caso do *microblog* Twitter, cuja premissa é dizer algo - não importa o quê - em 140 caracteres. Desde que o serviço foi criado, em 2006, o número de usuários da ferramenta é cada vez maior, assim como a diversidade de usos que se faz dela. Do estilo "querido diário" à literatura concisa, passando por aforismos, citações, jornalismo, fofoca, humor etc., tudo ganha o espaço de um tweet ["pio" em inglês] e entender seu sucesso pode indicar um caminho para o aprimoramento de um recurso vital à escrita: a concisão.

Disponível em:http://revistalingua.uol.com.br.
Acesso em: 28 abr. 2010 (adaptado).

O Twitter se presta a diversas finalidades, entre elas, à comunicação concisa, por isso essa rede social

a) é um recurso elitizado, cujo público precisa dominar a língua padrão.
b) constitui recurso próprio para a aquisição da modalidade escrita da língua.
c) é restrita à divulgação de textos curtos e pouco significativos e, portanto, é pouco útil.
d) interfere negativamente no processo de escrita e acaba por revelar uma cultura pouco reflexiva.
e) estimula a produção de frases com clareza e objetividadc, fatores que potencializam a comunicação interativa.

Resp: **31** E **32** B **33** C **34** B **35** A

ENEM - 2012

41

Disponível em: www.ivancabral.com. Acesso em: 27 fev. 2012.

O efeito de sentido da charge é provocado pela combinação de informações visuais e recursos linguísticos. No contexto da ilustração, a frase proferida recorre à

a) polissemia, ou seja, aos múltiplos sentidos da expressão "rede social" para transmitir a ideia que pretende veicular.
b) ironia para conferir um novo significado ao termo "outra coisa".
c) homonímia para opor, a partir do advérbio de lugar, o espaço da população pobre e o espaço da população rica.
d) personificação para opor o mundo real pobre ao mundo virtual rico.
e) antonímia para comparar a rede mundial de com putadores com a rede caseira de descanso da família.

42

Com o texto eletrônico, enfim, parece estar ao alcance de nossos olhos e de nossas mãos um sonho muito antigo da humanidade, que se poderia resumir em duas palavras, universalidade e interatividade.

As luzes, que pensavam que Gutenberg tinha propiciado aos homens uma promessa universal, cultivavam um modo de utopia. Elas imaginavam poder, a partir das práticas privadas de cada um, construir um espaço de intercâmbio crítico das ideias e opiniões. O sonho de Kant era que cada um fosse ao mesmo tempo leitor e autor, que emitisse juízos sobre as instituições de seu tempo, quaisquer que elas fossem e que, ao mesmo tempo, pudesse refletir sobre o juízo emitido pelos outros. Aquilo que outrora só era permitido pela comunicação manuscrita ou a circulação dos impressos encontra hoje um suporte poderoso com o texto eletrônico.

CHARTIER, R. **A aventura do livro**: do leitor ao navegador. São Paulo: Imprensa Oficial do Estado de São Paulo; Unesp, 1998.

No trecho apresentado, o sociólogo Roger Chartier caracteriza o texto eletrônico como um poderoso suporte que coloca ao alcance da humanidade o antigo sonho de universalidade e interatividade, uma vez que cada um passa a ser, nesse espaço de interação social, leitor e autor ao mesmo tempo. A universalidade e a interatividade que o texto eletrônico possibilita estão diretamente relacionadas à função social da internet de

a) propiciar o livre e imediato acesso às informações e ao intercâmbio de julgamentos.
b) globalizar a rede de informações e democratizar o acesso aos saberes.
c) expandir as relações interpessoais e dar visibilidade aos interesses pessoais.
d) propiciar entretenimento e acesso a produtos e serviços.
e) expandir os canais de publicidade e o espaço mercadológico.

43

O senhor

Carta a uma jovem que, estando em uma roda em que dava aos presentes o tratamento de você, se dirigiu ao autor chamando-o "o senhor":

Senhora:

Aquele a quem chamastes senhor aqui está, de peito magoado e cara triste, para vos dizer que senhor ele não é, de nada, nem de ninguém.

Bem o sabeis, por certo, que a única nobreza do plebeu está em não querer esconder sua condição, e esta nobreza tenho eu. Assim, se entre tantos senhores ricos e nobres a quem chamáveis você escolhestes a mim para tratar de senhor, é bem de ver que só poderíeis ter encontrado essa senhoria nas rugas de minha testa e na prata de meus cabelos. Senhor de muitos anos, eis aí; o território onde eu mando é no país do tempo que foi. Essa palavra "senhor", no meio de uma frase, ergueu entre nós um muro frio e triste.

Vi o muro e calei: não é de muito, eu juro, que me acon tece essa tristeza; mas também não era a vez primeira.

BRAGA, R. **A borboleta amarela**. Rio de Janeiro: Record, 1991.

A escolha do tratamento que se queira atribuir a alguém geralmente considera as situações específicas de uso social. A violação desse princípio causou um mal-estar no autor da carta. O trecho que descreve essa violação é:

a) "Essa palavra, 'senhor', no meio de uma frase ergueu entre nós um muro frio e triste."
b) "A única nobreza do plebeu está em não querer esconder a sua condição."
c) "Só poderíeis ter encontrado essa senhoria nas rugas de minha testa."
d) "O território onde eu mando é no país do tempo que foi."
e) "Não é de muito, eu juro, que acontece essa tristeza; mas também não era a vez primeira."

44

LAERTE. Disponível em: http://blog.educacional.com.br. Acesso em: 8 set. 2011.

Que estratégia argumentativa leva o personagem do terceiro quadrinho a persuadir sua intelocutora?

a) Prova concreta, ao expor o produto ao consumidor.
b) Consenso, ao sugerir que todo vendedor tem técnica.
c) Racioncínio lógico, ao relacionar uma fruta com um produto eletrônico.
d) Comparação, ao enfatizar que os produtos apresentados anteriormente são inferiores.
e) Indução, ao elaborar o discurso de acordo com os anseios do consumidor.

45

Extra, extra. Este macaco é humano.
Não somos tão especiais

Todas as características tidas como exclusivas dos humanos são compartilhadas por outros animais, ainda que em menor grau.

INTELIGÊNCIA

A ideia de que somos os únicos animais racionais tem sido destruída desde os anos 40. A maioria das aves e mamíferos tem algum tipo de raciocínio.

AMOR

O amor, tido como o mais elevado dos sentimentos, é parecido em várias espécies, como os corvos, que também criam laços duradouros, se preocupam com o ente querido e ficam de luto depois de sua morte.

CONSCIÊNCIA

Chimpanzés se reconhecem no espelho. Orangotangos observam e enganam humanos distraídos. Sinais de que sabem quem são e se distinguem dos outros. Ou seja, são conscientes.

CULTURA

O primatologista Frans de Waal juntou vários exemplos de cetáceos e primatas que são capazes de aprender novos hábitos e de transmiti-los para as gerações seguintes. O que é cultura se não isso?

BURGIERMAN, D. ***Superinteressante****, n.° 190, jul. 2003.*

O título do texto traz o ponto de vista do autor sobre a suposta supremacia dos humanos em relação aos outros animais. As estratégias argumentativas utilizadas para sustentar esse ponto de vista são

a) definição e hierarquia.
b) exemplificação e comparação.
c) causa e consequência.
d) finalidade e meios.
e) autoridade e modelo.

Resp: 36 C | 37 B | 38 A | 39 E | 40 E

46

Das irmãs

os meus irmãos sujando-se
na lama
e eis-me aqui cercada
de alvura e enxovais

eles se provocando e provando
do fogo
e eu aqui fechada
provendo a comida

eles se lambuzando e arrotando
na mesa
e eu a temperada
servindo, contida

os meus irmãos jogando-se
na cama
e eis-me afiançada
por dote e marido

QUEIROZ, S. ***O sacro ofício****. Belo Horizonte: Comunicação, 1980.*

O poema de Sonia Queiroz apresenta uma voz lírica feminina que contrapõe o estilo de vida do homem ao modelo reservado à mulher. Nessa contraposição, ela conclui que

a) a mulher deve conservar uma assepsia que a distingue de homens, que podem se jogar na lama.
b) a palavra "fogo" é uma metáfora que remete ao ato de cozinhar, tarefa destinada às mulheres.
c) a luta pela igualdade entre os gêneros depende da ascensão financeira e social das mulheres.
d) a cama, como sua "alvura e enxovais", é um símbolo da fragilidade feminina no espaço doméstico.
e) os papéis sociais destinados aos gêneros produzem efeitos e graus de autorrealização desiguais.

47

O sedutor médio

Vamos juntar
Nossas rendas e
expectativas de vida
querida,
o que me dizes?
Ter 2, 3 filhos
e ser meio felizes?

VERISSIMO, L. F. ***Poesia numa hora dessas?!*** *Rio de Janeiro: Objetiva, 2002.*

No poema *O sedutor médio*, é possível reconhecer a presença de posições críticas

a) nos três primeiros versos, em que "juntar expectativas de vida" significa que, juntos, os cônjuges poderiam viver mais, o que faz do casamento uma convenção benéfica.
b) na mensagem veiculada pelo poema, em que os valores da sociedade são ironizados, o que é acentuado pelo uso do adjetivo "médio" no título e do advérbio "meio" no verso final.
c) no verso "e ser meio felizes?", em que "meio" é sinônimo de metade, ou seja, no casamento, apenas um dos cônjuges se sentiria realizado.
d) nos dois primeiros versos, em que "juntar rendas" indica que o sujeito poético passa por dificuldades financeiras e almeja os rendimentos da mulher.
e) no título, em que o adjetivo "médio" qualifica o sujeito poético como desinteressante ao sexo oposto e inábil em termos de conquistas amorosas.

48

Nós, brasileiros, estamos acostumados a ver juras de amor, feitas diante de Deus, serem quebradas por traição, interesses financeiros e sexuais. Casais se separam como inimigos, quando poderiam ser bons amigos, sem traumas. Bastante interessante a reportagem sobre separação. Mas acho que os advogados consultados, por sua competência, estão acostumados a tratar de grandes separações. Será que a maioria dos leitores da revista tem obras de arte que precisam ser fotografadas antes da separação? Não seria mais útil dar conselhos mais básicos? Não seria interessante mostrar que a separação amigável não interfere no modo de partilha dos bens? Que, seja qual for o tipo de separação, ela não vai prejudicar o direito à pensão dos filhos? Que acordo amigável deve ser assinado com atenção, pois é bastante complicado mudar suas cláusulas? Acho que essas são dicas que podem interessar ao leitor médio.

Disponível em: http://revistaepoca.globo.com. Acesso em: 26 fev. 2012 (adaptado).

O texto foi publicado em uma revista de grande circulação na seção de carta do leitor. Nele, um dos leitores manifesta-se acerca de uma reportagem publicada na edição anterior. Ao fazer sua argumentação, o autor do texto

a) faz uma síntese do que foi abordado na reportagem.

b) discute problemas conjugais que conduzem à separação.

c) aborda a importância dos advogados em processos de separação.

d) oferece dicas para orientar as pessoas em processos de separação.

e) rebate o enfoque dado ao tema pela reportagem, lançando novas ideias.

49

E-mail com hora programada

Redação INFO, 28 de agosto de 2007.

Agende o envio de e-mails no Thunderbird com a extensão SendLater

Nem sempre é interessante mandar um e-mail na hora. Há situações em que agendar o envio de uma mensagem é útil, como em datas comemorativas ou quando o e-mail serve para lembrar o destinatário de algum evento futuro. O *Thunderbird*, o ótimo cliente de e-mail do grupo Mozilla, conta com uma extensão para esse fim. Trata-se do *SendLater*. Depois de instalado, ele cria um item no menu de criação de mensagens que permite marcar o dia e a hora exatos para o envio do e-mail. Só há um ponto negativo: para garantir que a mensagem seja enviada na hora, o *Thunderbird* deverá estar em execução. Senão, ele mandará o e-mail somente na próxima vez que for rodado.

Disponível em: http://info.abril.com.br. Acesso em: 18 fev. 2012 (adaptado).

Considerando-se a função do *SendLater*, o objetivo do autor do texto *E-mail com hora programada* é

a) eliminar os entraves no envio de mensagens via email.

b) viabilizar a aquisição de conhecimento especializado pelo usuário.

c) permitir a seleção dos destinatários dos textos enviados.

d) controlar a quantidade de informações constantes do corpo do texto.

e) divulgar um produto ampliador da funcionalidade de um recurso comunicativo.

50

Lugar de mulher também é na oficina. Pelo menos nas oficinas dos cursos da área automotiva fornecidos pela Prefeitura, a presença feminina tem aumentado ano a ano. De cinco mulheres matriculadas em 2005, a quantidade saltou para 79 alunas inscritas neste ano nos cursos de mecânica automotiva, eletricidade veicular, injeção eletrônica, repintura e funilaria. A presença feminina nos cursos automotivos da Prefeitura - que são gratuitos - cresceu 1.480% nos últimos sete anos e tem aumentado ano a ano.

Disponível em: www.correiodeuberlandia.com.br. Acesso em: 27 fev. 2012 (adaptado).

Na produção de um texto, são feitas escolhas referentes a sua estrutura, que possibilitam inferir o objetivo do autor. Nesse sentido, no trecho apresentado, o enunciado "Lugar de mulher também é na oficina" corrobora o objetivo textual de

a) demonstrar que a situação das mulheres mudou na sociedade contemporânea.

b) defender a participação da mulher na sociedade atual.

c) comparar esse enunciado com outro: "lugar de mulher é na cozinha".

d) criticar a presença de mulheres nas oficinas dos cursos da área automotiva.

e) distorcer o sentido da frase "lugar de mulher é na cozinha".

Resp: **41** A **42** A **43** A **44** E **45** B

51

Disponível em: www.portaldapropaganda.com.br. Acesso em: 1 mar. 2012.

A publicidade, de uma forma geral, alia elementos verbais e imagéticos na constituição de seus textos. Nessa peça publicitária, cujo tema é a sustentabilidade, o autor procura convencer o leitor a

a) assumir uma atitude reflexiva diante dos fenômenos naturais.
b) evitar o consumo excessivo de produtos reutilizáveis.
c) aderir à onda sustentável, evitando o consumo excessivo.
d) abraçar a campanha, desenvolvendo projetos sustentáveis.
e) consumir produtos de modo responsável e ecológico.

52

Aquele bêbado

— Juro nunca mais beber — e fez o sinal da cruz com os indicadores. Acrescentou: — Álcool.

O mais, ele achou que podia beber. Bebia paisagens, músicas de Tom Jobim, versos de Mário Quintana. Tomou um pileque de Segall. Nos fins de semana embebedava-se de Índia Reclinada, de Celso Antônio.

— Curou-se 100% do vício — comentavam os amigos.

Só ele sabia que andava bêbado que nem um gambá.

Morreu de etilismo abstrato, no meio de uma carraspana de pôr de sol no Leblon, e seu féretro ostentava inúmeras coroas de ex-alcoólatras anônimos.

ANDRADE, C. D. Contos plausíveis. Rio de Janeiro: Record,1991.

A *causa mortis* do personagem, expressa no último parágrafo, adquire um efeito irônico no texto porque, ao longo da narrativa, ocorre uma

a) metaforização do sentido literal do verbo "beber".
b) aproximação exagerada da estética abstracionista.
c) apresentação gradativa da coloquialidade da linguagem.
d) exploração hiperbólica da expressão "inúmeras coroas".
e) citação aleatória de nomes de diferentes artistas.

53

O trovador

Sentimentos em mim do asperamente
dos homens das primeiras eras ...
As primaveras de sarcasmo
intermitentemente no meu coração arlequinal ...
Intermitentemente ...
Outras vezes é um doente, um frio
na minha alma doente como um longo som redondo ...
Cantabona! Cantabona!
Dlorom ...
Sou um tupi tangendo um alaúde!

ANDRADE, M. In: MANFIO, D. Z. (Org.) ***Poesias completas de Mário de Andrade****. Belo Horizonte: Itatiais, 2005.*

Cara ao Modernismo, a questão da identidade nacional é recorrente na prosa e na poesia de Mário de Andrade. Em *O trovador*, esse aspecto é

a) abordado subliminarmente, por meio de expressões como "coração arlequinal" que, evocando o carnaval, remete à brasilidade.
b) verificado já no título, que remete aos repentistas nordestinos, estudados por Mário de Andrade em suas viagens e pesquisas folclóricas.
c) lamentado pelo eu lírico, tanto no uso de expressões como "Sentimentos em mim do asperamente" (v. 1), "frio" (v. 6), "alma doente" (v. 7), como pelo som triste do alaúde "Dlorom" (v. 9).

d) problematizado na oposição tupi (selvagem) x alaúde (civilizado), apontando a síntese nacional que seria proposta no Manifesto Antropófago, de Oswald de Andrade.

e) exaltado pelo eu lírico, que evoca os "sentimentos dos homens das primeiras eras" para mostrar o orgulho brasileiro por suas raízes indígenas.

54

Verbo ser

QUE VAI SER quando crescer? Vivem perguntando em redor. Que é ser? É ter um corpo, um jeito, um nome? Tenho os três. E sou? Tenho de mudar quando crescer? Usar outro nome, corpo e jeito? Ou a gente só principia a ser quando cresce? É terrível, ser? Dói? É bom? É triste? Ser: pronunciado tão depressa, e cabe tantas coisas? Repito: ser, ser, ser. Er. R. Que vou ser quando crescer? Sou obrigado a? Posso escolher? Não dá para entender. Não vou ser. Não quero ser. Vou crescer assim mesmo. Sem ser. Esquecer.

ANDRADE, C. D. ***Poesia e prosa.*** *Rio de Janeiro: Nova Aguilar, 1992.*

A inquietação existencial do autor com a autoimagem corporal e a sua corporeidade se desdobra em questões existenciais que têm origem

a) no conflito do padrão corporal imposto contra as convicções de ser autêntico e singular.

b) na aceitação das imposições da sociedade seguindo a influência de outros.

c) na confiança no futuro, ofuscada pelas tradições e culturas familiares.

d) no anseio de divulgar hábitos enraizados, negligenciados por seus antepassados.

e) na certeza da exclusão, revelada pela indiferença de seus pares.

55

E como manejava bem os cordéis de seus títeres, ou ele mesmo, títere voluntário e consciente, como entregava o braço, as pernas, a cabeça, o tronco, como se desfazia de suas articulações e de seus reflexos quando achava nisso conveniência. Também ele soubera apoderar-se dessa arte, mais artifício, toda feita de sutilezas e grosserias, de expectativa e oportunidade, de insolência e submissão, de silêncios e rompantes, de anulação e prepotência. Conhecia a palavra exata para o momento preciso, a frase picante ou obscena no ambiente adequado, o tom humilde diante do superior útil, o grosseiro diante do inferior, o arrogante quando o poderoso em nada o podia prejudicar. Sabia desfazer situações equívocas, e armar intrigas das quais se saía sempre bem, e sabia, por experiência própria, que a fortuna se ganha com uma frase, num dado momento, que este momento único, irrecuperável, irreversível, exige um estado de alerta para a sua apropriação.

RAWET, S. O aprendizado. In: ***Diálogo****. Rio de Janeiro: GDR, 1963 (fragmento).*

No conto, o autor retrata criticamente a habilidade do personagem no manejo de discursos diferentes segundo a posição do interlocutor na sociedade. A crítica à conduta do personagem está centrada

a) na imagem do títere ou fantoche em que o personagem acaba por se transformar, acreditando dominar os jogos de poder na linguagem.

b) na alusão à falta de articulações e reflexos do personagem, dando a entender que ele não possui o manejo dos jogos discursivos em todas as situações.

c) no comentário, feito em tom de censura pelo autor, sobre as frases obscenas que o personagem emite em determinados ambientes sociais.

d) nas expressões que mostram tons opostos nos discursos empregados aleatoriamente pelo personagem em conversas com interlocutores variados.

e) no falso elogio à originalidade atribuída a esse personagem, responsável por seu sucesso no aprendizado das regras de linguagem da sociedade.

56

Labaredas nas trevas

Fragmentos do diário secreto de

Teodor Konrad Nalecz Korzeniowski

20 DE JULHO [1912]

Peter Sumerville pede-me que escreva um artigo sobre Crane. Envio-lhe uma carta: "Acredite-me, prezado senhor, nenhum jornal ou revista se interessaria por qualquer coisa que eu, ou outra pessoa, escrevesse sobre Stephen Crane. Ririam da sugestão. [...] Dificilmente encontro alguém, agora, que saiba quem é Stephen Crane ou lembre-se de algo dele. Para os jovens escritores que estão surgindo ele simplesmente não existe."

20 DE DEZEMBRO [1919]

Muito peixe foi embrulhado pelas folhas de jornal. Sou reconhecido como o maior escritor vivo da língua inglesa. Já se passaram dezenove anos desde que Crane morreu, mas eu não o esqueço. E parece que outros

Resp: **46** E **47** B **48** E **49** E **50** A

também não. *The London Mercury* resolveu celebrar os vinte e cinco anos de publicação de um livro que, segundo eles, foi "um fenômeno hoje esquecido" e me pediram um artigo.

FONSECA, R. ***Romance negro e outras histórias****. São Paulo: Companhia das Letras, 1992 (fragmento).*

Na construção de textos literários, os autores recorrem com frequência a expressões metafóricas. Ao empregar o enunciado metafórico "Muito peixe foi embrulhado pelas folhas de jornal", pretendeu-se estabelecer, entre os dois fragmentos do texto em questão, uma relação semântica de

a) causalidade, segundo a qual se relacionam as partes de um texto, em que uma contém a causa e a outra, a consequência.

b) temporalidade, segundo a qual se articulam as partes de um texto, situando no tempo o que é relatado nas partes em questão.

c) condicionalidade, segundo a qual se combinam duas partes de um texto, em que uma resulta ou depende de circunstâncias apresentadas na outra.

d) adversidade, segundo a qual se articulam duas partes de um texto em que uma apresenta uma orientação argumentativa distinta e oposta à outra.

e) finalidade, segundo a qual se articulam duas partes de um texto em que uma apresenta o meio, por exemplo, para uma ação e a outra, o desfecho da mesma.

57

Cartaz afixado nas bibliotecas centrais e setoriais da Universidade Federal de Goiás (UFG), 2011.

Considerando-se a finalidade comunicativa comum do gênero e o contexto específico do Sistema de Biblioteca da UFG, esse cartaz tem função predominantemente

a) socializadora, contribuindo para a popularização da arte.

b) sedutora, considerando a leitura como uma obra de arte.

c) estética, propiciando uma apreciação despretensiosa da obra.

d) educativa, orientando o comportamento de usuários de um serviço.

e) contemplativa, evidenciando a importância de artistas internacionais.

58

Aqui é o país do futebol

Brasil está vazio na tarde de domingo, né?
Olha o sambão, aqui é o país do futebol
[...]
No fundo desse país
Ao longo das avenidas
Nos campos de terra e grama
Brasil só é futebol
Nesses noventa minutos
De emoção e alegria
Esqueço a casa e o trabalho
A vida fica lá fora
Dinheiro fica lá fora
A cama fica lá fora
A mesa fica lá fora
Salário fica lá fora
A fome fica lá fora
A comida fica lá fora
A vida fica lá fora
E tudo fica lá fora

SIMONAL, W. ***Aqui é o país do futebol****. Disponível em: www.vagalume.com.br. Acesso em: 27 out. 2011 (fragmento).*

Na letra da canção *Aqui é o país do futebol*, de Wilson Simonal, o futebol, como elemento da cultura corporal de movimento e expressão da tradição nacional, é apresentado de forma crítica e emancipada devido ao fato de

a) reforçar a relação entre o esporte futebol e o samba.

b) ser apresentado como uma atividade de lazer.

c) ser identificado com a alegria da população brasileira.

d) promover a reflexão sobre a alienação provocada pelo futebol.

e) ser associado ao desenvolvimento do país.

59

LXXVIII (Camões, 1525?-1580)

Leda serenidade deleitosa,
Que representa em terra um paraíso;
Entre rubis e perlas doce riso
Debaixo de ouro e neve cor-de-rosa;

Presença moderada e graciosa,
Onde ensinando estão despejo e siso
Que se pode por arte e por aviso,
Como por natureza, ser fermosa;

Fala de quem a morte e a vida pende,
Rara, suave; enfim, Senhora, vossa;
Repouso nela alegre e comedido:

Estas as armas são com que me rende
E me cativa Amor; mas não que possa
Despojar-me da glória de rendido.

CAMÕES, L. ***Obra completa.*** *Rio de Janeiro: Nova Aguilar, 2008.*

SANZIO, R. (1483-1520). ***A mulher com o unicórnio.*** *Roma, Galleria Borghese*

Disponível em: www.arquipelagos.pt. Acesso em: 29 fev. 2012.

A pintura e o poema, embora sendo produtos de duas linguagens artísticas diferentes, participaram do mesmo contexto social e cultural de produção pelo fato de ambos

a) apresentarem um retrato realista, evidenciado pelo unicórnio presente na pintura e pelos adjetivos usados no poema.
b) valorizarem o excesso de enfeites na apresentação pessoal e na v ariação de atitudes da mulher, evidenciadas pelos adjetivos do poema.
c) apresentarem um retrato ideal de mulher marcado pela sobriedade e o equilíbrio, evidenciados pela postura, expressão e vestimenta da moça e os adjetivos usados no poema.
d) desprezarem o conceito medieval da idealização da mulher como base da produção artística, evidenciado pelos adjetivos usados no poema.
e) apresentarem um retrato ideal de mulher marcado pela emotividade e o conflito interior, evidenciados pela expressão da moça e pelos adjetivos do poema.

60

TEXTO I

Antigamente

Antigamente, os pirralhos dobravam a língua diante dos pais, e se um se esquecia de arear os dentes antes de cair nos braços de Morfeu, era capaz de entrar no couro. Não devia também se esquecer de lavar os pés, sem tugir nem mugir. Nada de bater na cacunda do padrinho, nem de debicar os mais velhos, pois levava tunda. Ainda cedinho, aguava as plantas, ia ao corte e logo voltava aos penates. Não ficava mangando na rua nem escapulia do mestre, mesmo que não entendesse patavina da instrução moral e cívica. O verdadeiro smart calçava botina de botões para comparecer todo liró ao copo-d'água, se bem que no convescote apenas lambiscasse, para evitar flatos.

Os bilontras é que eram um precipício, jogando com pau de dois bicos, pelo que carecia muita cautela e caldo de galinha. O melhor era pôr as barbas de molho diante de treteiro de topete, depois de fintar e engambelar os coiós, e antes que se pusesse tudo em pratos limpos, ele abria o arco.

ANDRADE, C. D. ***Poesia e prosa.*** *Rio de Janeiro: Nova Aguilar, 1983 (fragmento).*

Resp: **51** E **52** A **53** D **54** A **55** A

TEXTO II

Palavras do arco da velha

Expressão	Significado
Cair nos braços de Morfeu	Dormir
Debicar	Zombar, ridicularizar
Tunda	Surra
Mangar	Escanercer, caçoar
Tugir	Murmurar
Liró	Bem-vestido
Copo d'água	Lanche oferecido pelos amigos
Convescote	Piquenique
Bilontra	Velhaco
Treteiro de topete	Tratante atrevido
Abrir o arco	Fugir

*FIORIN, J. L. As línguas mudam. In: **Revista Língua Portuguesa**, n. 24, out. 2007 (adaptado).*

Na leitura do fragmento do texto *Antigamente* constata-se, pelo emprego de palavras obsoletas, que itens lexicais outrora produtivos não mais o são no português brasileiro atual. Esse fenômeno revela que

a) a língua portuguesa de antigamente carecia de termos para se referir a fatos e coisas do cotidiano.

b) o português brasileiro se constitui evitando a ampliação do léxico proveniente do português europeu.

c) a heterogeneidade do português leva a uma estabilidade do seu léxico no eixo temporal.

d) o português brasileiro apoia-se no léxico inglês para ser reconhecido como língua independente.

e) o léxico do português representa uma realidade linguística variável e diversificada.

61

HAGAR DIK BROWNE

*BROWNE, D. **Folha de S.Paulo**, 13 ago. 2011.*

As palavras e as expressões são mediadoras dos sentidos produzidos nos textos. Na fala de Hagar, a expressão "é como se" ajuda a conduzir o conteúdo enunciado para o campo da

a) conformidade, pois as condições meteorológicas evidenciam um acontecimento ruim.

b) reflexibilidade, pois o personagem se refere aos tubarões usando um pronome reflexivo.

c) condicionalidade, pois a atenção dos personagens é a condição necessária para a sua sobrevivência.

d) possibilidade, pois a proximidade dos tubarões leva à suposição do perigo iminente para os homens.

e) impessoalidade, pois o personagem usa a terceira pessoa para expressar o distanciamento dos fatos.

62

Cabeludinho

Quando a Vó me recebeu nas férias, ela me apresentou aos amigos: Este é meu neto. Ele foi estudar no Rio e voltou de ateu. Ela disse que eu voltei de ateu. Aquela preposição deslocada me fantasiava de ateu. Como quem dissesse no carnaval: aquele menino está fantasiado de palhaço. Minha avó entendia de regências verbais. Ela falava de sério. Mas todo-mundo riu. Porque aquela preposição deslocada podia fazer de uma informação um chiste. E fez. E mais: eu acho que buscar a beleza nas palavras e uma solenidade de amor. E pode ser instrumento de rir. De outra feita, no meio da pelada um menino gritou: Disilimina esse, Cabeludinho. Eu não disiliminei ninguém. Mas aquele verbo novo trouxe um perfume de poesia à nossa quadra. Aprendi nessas férias a brincar de palavras mais do que trabalhar com elas. Comecei a não gostar de palavra engavetada. Aquela que não pode mudar de lugar. Aprendi a gostar mais das palavras pelo que elas entoam do que pelo que elas informam. Por depois ouvir um vaqueiro a cantar com saudade: Ai morena, não me escreve/ que eu não sei a ler. Aquele a preposto ao verbo ler, ao meu ouvir, ampliava a solidão do vaqueiro.

*BARROS, M. **Memórias inventadas**: a infância. São Paulo: Planeta, 2003.*

No texto, o autor desenvolve uma reflexão sobre diferentes possibilidades de uso da língua e sobre os sentidos que esses usos podem produzir, a exemplo das expressões "voltou de ateu", "disilimina esse" e "eu não sei a ler". Com essa reflexão, o autor destaca

a) os desvios linguísticos cometidos pelos personagens do texto.

b) a importância de certos fenômenos gramaticais para o conhecimento da língua portuguesa.

c) a distinção clara entre a norma culta e as outras variedades linguísticas.

d) o relato fiel de episódios vividos por Cabeludinho durante as suas férias.

e) a valorização da dimensão lúdica e poética presente nos usos coloquiais da linguagem.

63

Desde dezoito anos que o tal patriotismo lhe absorvia e por ele fizera a tolice de estudar inutilidades. Que lhe importavam os rios? Eram grandes? Pois que fossem... Em que lhe contribuiria para a felicidade saber o nome dos heróis do Brasil? Em nada... O importante é que ele tivesse sido feliz. Foi? Não. Lembrou-se das suas coisas de tupi, de *folk-lore*, das suas tentativas agrícolas... Restava disso tudo em sua alma uma satisfação? Nenhuma! Nenhuma!

O tupi encontrou a incredulidade geral, o riso, a mofa, o escárnio; e levou-o à loucura. Uma decepção. E a agricultura? Nada. As terras não eram ferazes e ela não era fácil como diziam os livros. Outra decepção. E, quando seu patriotismo se fizera combatente, o que achara? Decepções. Onde estava a doçura de nossa gente? Pois ele não a viu combater como feras? Pois não a via matar prisioneiros, inúmeros? Outra decepção. A sua vida era uma decepção, uma série, melhor, um encadeamento de decepções.

A pátria que quisera ter era um mito; um fantasma criado por ele no silêncio de seu gabinete.

BARRETO, L. ***Triste fim de Policarpo Quaresma****. Disponível em: www.dominiopublico.gov.br. Acesso em: 8 nov. 2011.*

O romance *Triste fim de Policarpo Quaresma*, de Lima Barreto, foi publicado em 1911. No fragmento destacado, a reação do personagem aos desdobramentos de suas iniciativas patrióticas evidencia que

a) a dedicação de Policarpo Quaresma ao conhecimento da natureza brasileira levou-o a estudar inutilidades, mas possibilitou-lhe uma visão mais ampla do país.

b) a curiosidade em relação aos heróis da pátria levou-o ao ideal de prosperidade e democracia que o personagem encontra no contexto republicano.

c) a construção de uma pátria a partir de elementos míticos, como a cordialidade do povo, a riqueza do solo e a pureza linguística, conduz à frustração ideológica.

d) a propensão do brasileiro ao riso, ao escárnio, justifica a reação de decepção e desistência de Policarpo Quaresma, que prefere resguardar-se em seu gabinete.

e) a certeza da fertilidade da terra e da produção agrícola incondicional faz parte de um projeto ideológico salvacionista, tal como foi difundido na época do autor.

64

A marcha galopante das tecnologias teve por primeiro resultado multiplicar em enormes proporções tanto a massa das notícias que circulam quanto as ocasiões de sermos solicitados por elas. Os profissionais têm tendência a considerar esta inflação como automaticamente favorável ao público, pois dela tiram proveito e tornam-se obcecados pela imagem liberal do grande mercado em que cada um, dotado de luzes por definição iguais, pode fazer sua escolha em toda liberdade. Isso jamais foi realizado e tende a nunca ser. Na verdade, os leitores, ouvintes, telespectadores, mesmo se se abandonam a sua bulimia*, não são realmente nutridos por esta indigesta sopa de informações e sua busca finaliza em frustração. Cada vez mais frequentemente, até, eles ressentem esse bombardeio de riquezas falsas como agressivo e se refugiam na resistência a toda ou qualquer informação.

O verdadeiro problema das sociedades pós-industriais não é a penúria**, mas a abundância. As sociedades modernas têm a sua disposição muito mais do que necessitam em objetos, informações e contatos. Ou, mais exatamente, disso resulta uma desarmonia entre uma oferta, não excessiva, mas incoerente, e uma demanda que, confusamente, exige uma escolha muito mais rápida a absorver. Por isso os órgãos de informação devem escolher, uma vez que o homem contemporâneo apressado, estressado, desorientado busca uma linha diretriz, uma classificação mais clara, um condensado do que é realmente importante.

(*) fome excessiva, desejo decontrolado.

(**) miséria, pobreza

VOYENNE, B. ***Informação hoje****.*

Lisboa: Armand Colin, 1975 (adaptado).

Com o uso das novas tecnologias, os domínios midiáticos obtiveram um avanço maior e uma presença mais atuante junto ao público, marcada ora pela quase simultaneidade das informações, ora pelo uso abundante de imagens. A relação entre as necessidades da sociedade moderna e a oferta de informação, segundo o texto, é desarmônica, porque

a) o jornalista seleciona as informações mais importantes antes de publicá-las.

Resp: **56** B **57** D **58** D **59** C

b) o ser humano precisa de muito mais conhecimento do que a tecnologia pode dar.

c) o problema da sociedade moderna é a abundância de informações e de liberdade de escolha.

d) a oferta é incoerente com o tempo que as pessoas têm para digerir a quantidade de informação disponível.

e) a utilização dos meios de informação acontece de maneira desorganizada e sem controle efetivo.

65

TEXTO I

A característica da oralidade radiofônica, então, seria aquela que propõe o diálogo com o ouvinte: a simplicidade, no sentido da escolha lexical; a concisão e coerência, que se traduzem em um texto curto, em linguagem coloquial e com organização direta; e o ritmo, marcado pelo locutor, que deve ser o mais natural (do diálogo). É esta organização que vai "reger" a veiculação da mensagem, seja ela interpretada ou de improviso, com objetivo de dar melodia à transmissão oral, dar emoção, personalidade ao relato do fato.

VELHO, A. P. M. ***A linguagem do rádio multimídia****.*
Disponível em: www.bocc.ubi.pt. Acesso em: 27 fev. 2012.

TEXTO II

A dois passos do paraíso

A Rádio Atividade leva até vocês
Mais um programa da séria série
"Dedique uma canção a quem você ama"
Eu tenho aqui em minhas mãos uma carta
Uma carta d'uma ouvinte que nos escreve
E assina com o singelo pseudônimo de
"Mariposa Apaixonada de Guadalupe"
Ela nos conta que no dia que seria
o dia mais feliz de sua vida
Arlindo Orlando, seu noivo
Um caminhoneiro conhecido da pequena e
Pacata cidade de Miracema do Norte
Fugiu, desapareceu, escafedeu-se
Oh! Arlindo Orlando volte
Onde quer que você se encontre
Volte para o seio de sua amada
Ela espera ver aquele caminhão voltando
De faróis baixos e para-choque duro...

BLITZ. Disponível em: http://letras.terra.com.br.
Acesso em: 28 fev. 2012 (fragmento).

Em relação ao Texto I, que analisa a linguagem do rádio, o Texto II apresenta, em uma letra de canção,

a) estilo simples e marcado pela interlocução com o receptor, típico da comunicação radiofônica.

b) lirismo na abordagem do problema, o que o afasta de uma possível situação real de comunicação radiofônica.

c) marcação rítmica dos versos, o que evidencia o fato de o texto pertencer a uma modalidade de comunicação diferente da radiofônica.

d) direcionamento do texto a um ouvinte específico divergindo da finalidade de comunicação do rádio, que é atingir as massas.

e) objetividade na linguagem caracterizada pela ocorrência rara de adjetivos, de modo a diminuir as marcas de subjetividade do locutor.

66

Ai, palavras, ai, palavras
que estranha potência a vossa!

Todo o sentido da vida
principia a vossa porta:
o mel do amor cristaliza
seu perfume em vossa rosa;
sois o sonho e sois a audácia,
calúnia, fúria, derrota...

A liberdade das almas,
ai! com letras se elabora...
E dos venenos humanos
sois a mais fina retorta:
frágil, frágil, como o vidro
e mais que o aço poderosa!
Reis, impérios, povos, tempos,
pelo vosso impulso rodam...

MEIRELLES, C. ***Obra poética****. Rio de Janeiro:*
Nova Aguilar, 1985 (fragmento).

O fragmento destacado foi transcrito do *Romanceiro da Inconfidência*, de Cecília Meireles. Centralizada no episódio histórico da Inconfidência Mineira, a obra, no entanto, elabora uma reflexão mais ampla sobre a seguinte relação entre o homem e a linguagem:

a) A força e a resistência humanas superam os danos provocados pelo poder corrosivo das palavras.

b) As relações humanas, em suas múltiplas esferas, têm seu equilíbrio vinculado ao significado das palavras.

c) O significado dos nomes não expressa de forma justa e completa a grandeza da luta do homem pela vida.

d) Renovando o significado das palavras, o tempo permite às gerações perpetuar seus valores e suas crenças.

e) Como produto da criatividade humana, a linguagem tem seu alcance limitado pelas intenções e gestos.

67

Pote Cru é meu Pastor. Ele me guiará.
Ele está comprometido de monge.
De tarde deambula no azedal entre torsos de
cachorro, trampas, trapos, panos de regra, couros,
de rato ao podre, vísceras de piranhas, baratas
albinas, dálias secas, vergalhos de lagartos,
linguetas de sapatos, aranhas dependuradas em
gotas de orvalho etc. etc.
Pote Cru, ele dormia nas ruínas de um convento
Foi encontrado em osso.
Ele tinha uma voz de oratórios perdidos.

BARROS, M. ***Retrato do artista quando coisa****.*
Rio de Janeiro: Record, 2002.

Ao estabelecer uma relação com o texto bíblico nesse poema, o eu lírico identifica-se com Pote Cru porque

a) entende a necessidade de todo poeta ter voz de oratórios perdidos.

b) elege-o como pastor a fim de ser guiado para a salvação divina.

c) valoriza nos percursos do pastor a conexão entre as ruínas e a tradição.

d) necessita de um guia para a descoberta das coisas da natureza.

e) acompanha-o na opção pela insignificância das coisas.

68

Picasso, P. ***Les Demoiselles d'Avignon****. Nova York, 1907.*
ARGAN, G. C. Arte moderna: do iluminismo aos movimentos contemporâneos. São Paulo: Companhia das Letras, 1992.

O quadro *Les Demoiselles d'Avignon* (1907), de Pablo Picasso, reprensenta o rompimento com a estética clássica e a revolução da arte no início do século XX. Essa nova tendência se caracteriza pela

a) pintura de modelos em planos irregulares.

b) mulher como temática central da obra.

c) cena representada por vários modelos.

d) oposição entre tons claros e escuros.

e) nudez explorada como objeto de arte.

Resp: **60** E **61** D **62** E **63** C

69

Capa do LP Os Mutantes, 1968.
Disponível em: http://mutantes.com. Acesso em: 28 fev. 2012.

A capa do LP *Os Mutantes*, de 1968, ilustra o movimento da contracultura. O desafio à tradição nessa criação musical é caracterizado por

a) letras e melodias com características amargas e depressivas.
b) arranjos baseados em ritmos e melodias nordestinos.
c) sonoridades experimentais e confluência de elementos populares e eruditos.
d) temas que refletem situações domésticas ligadas à tradição popular.
e) ritmos contidos e reservados em oposição aos modelos estrangeiros.

70

Sou feliz pelos amigos que tenho. Um deles muito sofre pelo meu descuido com o vernáculo. Por alguns anos ele sistematicamente me enviava missivas eruditas com precisas informações sobre as regras da gramática, que eu não respeitava, e sobre a grafia correta dos vocábulos, que eu ignorava. Fi-lo sofrer pelo uso errado que fiz de uma palavra num desses meus badulaques. Acontece que eu, acostumado a conversar com a gente das Minas Gerais, falei em "varreção" – do verbo "varrer". De fato, trata-se de um equívoco que, num vestibular, poderia me valer uma reprovação. Pois o meu amigo, paladino da língua portuguesa, se deu ao trabalho de fazer um xerox da página 827 do dicionário, aquela que tem, no topo, a fotografia de uma "varroa"(sic!) (você não sabe o que é uma "varroa"?) para corrigir-me do meu erro. E confesso: ele está certo. O certo é "varrição" e não "varreção". Mas estou com medo de que os mineiros da roça façam troça de mim porque nunca os vi falar de "varrição". E se eles rirem de mim não vai me adiantar mostra-lhes o xerox da página do dicionário com a "varroa" no topo. Porque para eles não é o dicionário que faz a língua. É o povo. E o povo, lá nas montanhas de Minas Gerais, fala "varreção" quando não "barreção". O que me deixa triste sobre esse amigo oculto é que nunca tenha dito nada sobre o que eu escrevo, se é bonito ou se é feio. Toma a minha sopa, não diz nada sobre ela mas reclama sempre que o prato está rachado.

ALVES, R. ***Mais badulaques.***
São Paulo: Parábola, 2004 (fragmento).

De acordo com o texto, após receber a carta de um amigo "que se deu ao trabalho de fazer um xerox da página 827 do dicionário" sinalizando um erro de grafia, o autor reconhece

a) a supremacia das formas da língua em relação ao seu conteúdo.
b) a necessidade da norma padrão em situações formais de comunicação escrita.
c) a obrigatoriedade da norma culta da língua, para a garantia de uma comunicação efetiva.
d) a importância da variedade culta da língua, para a preservação da identidade cultural de um povo.
e) a necessidade do dicionário como guia de adequação linguística em contextos informais privados.

71

Logia e mitologia

Meu coração
de mil e novecentos e setenta e dois
já não palpita fagueiro
sabe que há morcegos de pesadas olheiras
que há cabras malignas que há
cardumes de hienas infiltradas
no vão da unha na alma
um porco belicoso de radar
e que sangra e ri
e que sangra e ri
a vida anoitece provisória
centuriões sentinelas
do Oiapoque ao Chuí.

CACASO. ***Lero-lero.*** *Rio de Janeiro: 7Letras;*
São Paulo: Cosac & Naify, 2002.

O título do poema explora a expressividade de termos que representam o conflito do momento histórico vivido pelo poeta na década de 1970. Nesse contexto, é correto afirmar que

a) o poeta utiliza uma série de metáforas zoológicas com significado impreciso.

b) "morcegos", "cabras" e "hienas" metaforizam as vítimas do regime militar vigente.

c) o "porco", animal difícil de domesticar, representa os movimentos de resitência.

d) o poeta caracteriza o momento de opressão através de alegorias de forte poder de impacto.

e) "centuriões" e "sentinelas" simbolizam os agentes que garantem a paz social experimentada.

72

Desabafo

Desculpem-me, mas não dá pra fazer uma cronicazinha divertida hoje. Simplesmente não dá. Não tem como disfarçar: esta é uma típica manhã de segunda-feira. A começar pela luz acesa da sala que esqueci ontem à noite. Seis recados para serem respondidos na secretária eletrônica. Recados chatos. Contas para pagar que venceram ontem. Estou nervoso. Estou zangado.

CARNEIRO, J. E. ***Veja****, 11 set. 2002 (fragmento).*

Nos textos em geral, é comum a manifestação simultânea de várias funções da linguagem, com o predomínio, entretanto, de uma sobre outras. No fragmento da crônica *Desabafo*, a função da linguagem predominante é a emotiva ou expressiva, pois

a) o discurso do enunciador tem como foco o próprio código.

b) a atitude do enunciador se sobrepõe àquilo que está sendo dito.

c) o interlocutor é o foco do enunciador na construção da mensagem.

d) o referente é o elemento que se sobressai em detrimento dos demais.

e) o enunciador tem como objetivo principal manunteção da comunicação.

73

Entrevista com Marcos Bagno

Pode parecer inacreditável, mas muitas das prescrições da pedagogia tradicional da língua até hoje se baseiam nos usos que os escritores portugueses do século XIX faziam da língua. Se tantas pessoas condenam, por exemplo, o uso do verbo "ter" no lugar de "haver", como em "hoje tem feijoada", é simplesmente porque os portugueses, em dado momento da história de sua língua,deixaram de fazer esse uso existencial do verbo "ter".

No entanto, temos registros escritos da época medieval em que aparecem centenas desses usos. Se nós, brasileiros, assim como os falantes africanos de português, usamos até hoje o verbo "ter" como existencial é porque recebemos esses usos dos nossos ex-colo nizadores. Não faz sentido imaginar que brasileiros, angolanos e moçambicanos decidiram se juntar para "errar" na mesma coisa. E assim acontece com muitas outras coisas: regências verbais, colocação pronominal, concordâncias nominais e verbais etc. Temos uma língua própria, mas ainda somos obrigados a seguir uma gramática normativa de outra língua diferente. Às vésperas de comemorarmos nosso bicentenário de independência, não faz sentido continuar rejeitando o que é nosso para só aceitar o que vem de fora.

Não faz sentido rejeitar a língua de 190 milhões de brasileiros para só considerar certo o que é usado por menos de dez milhões de portugueses. Só na cidade de São Paulo temos mais falantes de português do que em toda a Europa!

Informativo Parábola Editorial. *s/d.*

Na entrevista, o autor defende o uso de formas linguísticas coloquiais e faz uso da norma padrão em toda a extensão do texto. Isso pode ser explicado pelo fato de que ele

a) adapta o nível de linguagem à situação comunicativa, uma vez que o gênero entrevista requer o uso da norma padrão.

b) apresenta argumentos carentes de comprovação científica e, por isso, defende um ponto de vista difícil de ser verificado na materialidade do texto.

c) propõe que o padrão normativo deve ser usado por falantes escolarizados como ele, enquanto a norma coloquial deve ser usada por falantes não escolarizados.

d) acredita que a língua genuinamente brasileira está em construção, o que o obriga a incorporar em seu cotidiano a gramática normativa do português europeu.

e) defende que a quantidade de falantes do português brasileiro ainda é insuficiente para acabar com a hegemonia do antigo colonizador.

Resp: 64 D 65 A 66 B 67 E 68 A

74

O léxico e a cultura

Potencialmente, todas as línguas de todos os tempos podem candidatar-se a expressar qualquer conteúdo. A pesquisa linguística do século XX demonstrou que não há diferença qualitativa entre os idiomas do mundo - ou seja, não há idiomas gramaticalmente mais primitivos ou mais desenvolvidos. Entretanto, para que possa ser efetivamente utilizada, essa igualdade potencial precisa realizar-se na prática histórica do idioma, o que nem sempre acontece. Teoricamente, uma língua com pouca tradição escrita (como as línguas indígenas brasileiras) ou uma língua já extinta (como o latim ou o grego clássicos) podem ser empregadas para falar sobre qualquer assunto, como, digamos, física quântica ou biologia molecular.

Na prática, contudo, não é possível, de uma hora para outra, expressar tais conteúdos em camaiurá ou latim, simplesmente porque não haveria vocabulário próprio para esses conteúdos. É perfeitamente possível desenvolver esse vocabulário específico, seja por meio de empréstimos de outras línguas, seja por meio da criação de novos termos na língua em questão, mas tal tarefa não se realizaria em pouco tempo nem com pouco esforço.

*BEARZOTI FILHO, P. **Miniaurélio**: o dicionário da língua portuguesa. Manual do professor. Curitba: Positivo, 2004 (fragmento).*

Estudos contemporâneos mostram que cada língua possui sua própria complexidade e dinâmica de funcionamento. O texto ressalta essa dinâmica, na medida em que enfatiza

a) a inexistência de conteúdo comum a todas as línguas, pois o léxico contempla visão de mundo particular específica de uma cultura.

b) a existência de línguas limitadas por não permitirem ao falante nativo se comunicar perfeitamente a respeito de qualquer conteúdo.

c) a tendência a serem mais restritos o vocabulário e a gramática de línguas indígenas, se comparados com outras línguas de origem europeia.

d) a existência de diferenças vocabulares entre os idiomas, especificidades relacionadas à própria cultura dos falantes de uma comunidade.

e) a atribuição de maior importância sociocultural às línguas contemporâneas, pois permitem que sejam abordadas quaisquer temáticas, sem dificuldades.

75

A substituição do haver por ter em construções existenciais, no português do Brasil, corresponde a um dos processos mais característicos da história da língua portuguesa, paralelo ao que já ocorrera em relação à ampliação do domínio de ter na área semântica de "posse", no final da fase arcaica. Mattos e Silva (2001:136) analisa as vitórias de ter sobre haver e discute a emergência de ter existencial, tomando por base a obra pedagógica de João de Barros. Em textos escritos nos anos quarenta e cinquenta do século XVI, encontram-se evidências, embora raras, tanto de ter "existencial", não mencionado pelos clássicos estudos de sintaxe histórica, quanto de haver como verbo existencial com concordância, lembrado por Ivo Castro, e anotado como "novidade" no século XVIII por Said Ali.

Como se vê, nada é categórico e um purismo estreito só revela um conhecimento deficiente da língua. Há mais perguntas que respostas. Pode-se conceber uma norma única e prescritiva? É válido confundir o bom uso e a norma com a própria língua e dessa forma fazer uma avaliação crítica e hierarquizante de outros usos e, através deles, dos usuários? Substitui-se uma norma por outra?

*CALLOU, D. A propósito de norma, correção e preconceito linguístico: do presente para o passado, In: **Cadernos de Letras da UFF**, n.° 36, 2008. Disponível em: www.uff.br. Acesso em: 26 fev. 2012 (adaptado).*

Para a autora, a substituição de "haver" por "ter" em diferentes contextos evidencia que

a) o estabelecimento de uma norma prescinde de uma pesquisa histórica.

b) os estudo clássicos de sintaxe histórica enfatizam a variação e a mudança na língua.

c) a avaliação crítica e hierarquizante dos usos da língua fundamenta a definição da norma.

d) a adoção de uma única norma revela uma atitude adequada para os estudos linguísticos.

e) os comportamentos puristas são prejudiciais à compreensão da constituição linguística.

76

BARDI, P. M. ***Em torno da escultura no Brasil.*** *São Paulo: Banco Sudameris Brasil, 1989.*

Com contornos assimétricos, riqueza de detalhes nas vestes e nas feições, a escultura barroca no Brasil tem forte influência do rococó europeu e está representada aqui por um dos profetas do pátio do Santuário do Bom Jesus de Matosinho, em Congonhas (MG), esculpido em pedra-sabão por Aleijadinho. Profundamente religiosa, sua obra revela

a) liberdade, representando a vida de mineiros à procura da salvação.
b) credibilidade, atendendo a encomendas dos nobres de Minas Gerais.
c) simplicidade, demostrando compromisso com a contemplação do divino.
d) personalidade, modelando uma imagem sacra com feições populares.
e) singularidade, esculpindo personalidades do reinado nas obras divinas.

77

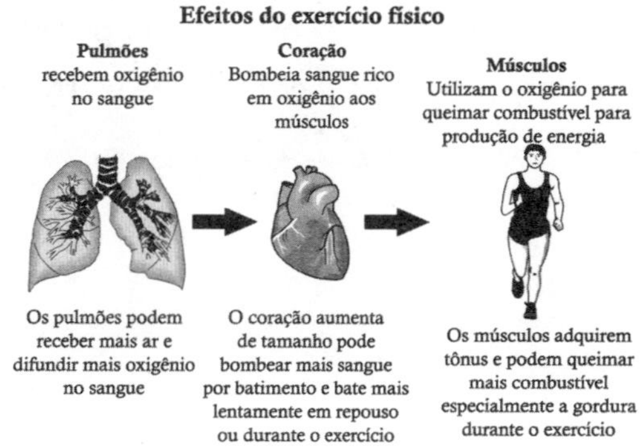

NIEMAN, D. ***Exercício e saúde.*** *São Paulo: Manole, 1999 (adaptado).*

A partir dos efeitos fisiológicos do exercício físico no organismo, apresentados na figura, são adaptações benéficas à saúde de um indivíduo:

a) Diminuição da frequência cardíaca em repouso e aumento da oxigenação do sangue.
b) Diminuição da oxigenação do sangue e aumento da frequência cardíaca em repouso.
c) Diminuição da frequência cardíaca em repouso e aumento da gordura corporal.
d) Diminuição do tônus muscular e aumento do percentual de gordura corporal.
e) Diminuição da gordura corporal e aumento da frequência cardíaca em repouso.

78

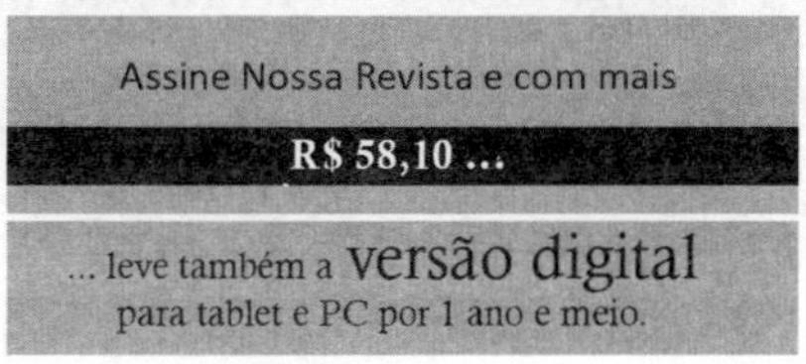

Disponível em: www.assine.abril.com.br. Acesso em: 29 fev. 2012 (adaptado).

Com o advento da internet, as versões de revistas e livros também se adaptaram às novas tecnologias. A análise do texto publicitário apresentado revela que o surgimento das novas tecnologias

a) proporcionou mudanças no paradigma de consumo e oferta de revistas e livros.
b) incentivou a desvalorização das revistas e livros impressos.

Resp: **69** C **70** B **71** D **72** B **73** A

c) viabilizou a aquisição de novos equipamentos digitais.

d) aqueceu o mercado de venda de computadores.

e) diminuiu os incentivos à compra de eletrônicos.

79

"Ele era o inimigo do rei", nas palavras de seu biógrafo, Lira Neto. Ou, ainda, "um romancista que colecionava desafetos, azucrinava D. Pedro II e acabou inventando o Brasil". Assim era José de Alencar (1829-1877), o conhecido autor de *O guarani* e *Iracema*, tido como o pai do romance no Brasil. Além de criar clássicos da literatura brasileira com temas nativistas, indianistas e históricos, ele foi também folhetinista, diretor de jornal, autor de peças de teatro, advogado, deputado federal e até ministro da Justiça. Para ajudar na descoberta das múltiplas facetas desse personagem do século XIX, parte de seu acervo inédito será digitalizada.

***História Viva**, n.° 99, 2011.*

Com base no texto, que trata do papel do escritor José de Alencar e da futura digitalização de sua obra, depreende-se que

a) a digitalização dos textos é importante para que os leitores possam compreender seus romances.

b) o conhecido autor de O *guarani* e *Iracema* foi importante porque deixou uma vasta obra literária com temática atemporal.

c) a divulgação das obras de José de Alencar, por meio da digitalização, demonstra sua importância para a história do Brasil Imperial.

d) a digitalização dos textos de José de Alencar terá importante papel na preservação da memória linguística e da identidade nacional.

e) o grande romancista José de Alencar é importante porque se destacou por sua temática indianista.

80

eu gostava muito de passeá... saí com as minhas colegas... brincá na porta di casa di vôlei... andá de patins...bicicleta... quando eu levava um tombo ou outro... eu era a::... a palhaça da turma... ((risos))... eu acho que foi uma das fases mais... assim... gostosas da minha vida foi... essa fase de quinze... dos meus treze aos dezessete anos...

A.P.S., sexo feminino, 38 anos, nível de ensino fundamental.

***Projeto Fala Goiana**, UFG. 2010 (inédito).*

Um aspecto da composição estrutural que caracteriza o relato pessoal de A.P.S. como modalidade falada da língua é

a) predomínio de linguagem informal entrecortada por pausas.

b) vocabulário regional desconhecido em outras variedades do português.

c) realização do plural conforme as regras da tradição gramatical.

d) ausência de elementos promotores de coesão entre os eventos narrados.

e) presença de frases incompreensíveis a um leitor iniciante.

ENEM - 2013

81

Grupo Escolar de Palmeiras
3º anno — 18-11-911
Descripção — J B Pereira

A nossa bandeira

n. 4

"Auri verde pendão de minha terra
Que a brisa do Brazil beija e balança
Estandarte que a luz do sol encerra
As promessas divinas da Esperança."

A bandeira brazileira é a mais bonita de todas: vou descrevel-a. O rectangulo verde indica a cor de nossas mattas. O losango amarello indica a cor das riquezas naturais que o nosso caro Brazil encerra como o ouro. No centro da bandeira vê-se uma esphera azul que indica a terra. e as estrellas que se acham dentro da esphera representam os estados. Na faixa dentro da esphera está escripto o lema Ordem e Progresso. o qual representa a base da republica e a organização do povo brazileiro. Salve! Bandeira Brazileira

GRUPO ESCOLAR DE PALMEIRAS. Redações de Maria Anna de Biase e J. B. Pereira sobre a Bandeira Nacional. Palmeiras (SP), 18 nov. 1911. Acervo APESP. Coleção DAESP. C10279. Disponível em: www.arquivoestado.sp.gov.br. Acesso em: 15 maio 2013.

O documento foi retirado de uma exposição *on-line* de manuscritos do estado de São Paulo do início do século XX.

Quanto à relevância social para o leitor da atualidade, o texto

a) funciona como veículo de transmissão de valores patrióticos próprios do período em que foi escrito.
b) cumpre uma função instrucional de ensinar regras de comportamento em eventos cívicos.
c) deixa subentendida a ideia de que o brasileiro preserva as riquezas naturais do país.
d) argumenta em favor da construção de uma nação com igualdade de direitos.
e) apresenta uma metodologia de ensino restrita a uma determinada época.

82

TEXTO I

Andaram na praia, quando saímos, oito ou dez deles; e daí a pouco começaram a vir mais. E parece-me que viriam, este dia, à praia, quatrocentos ou quatrocentos e cinquenta. Alguns deles traziam arcos e flechas, que todos trocaram por carapuças ou por qualquer coisa que lhes davam. [...] Andavam todos tão bem-dispostos, tão bem feitos e galantes com suas tinturas que muito agradavam.

CASTRO, S. ***A carta de Pero Vaz de Caminha.*** Porto Alegre: L&PM, 1996 (fragmento).

TEXTO II

PORTINARI, C. ***O descobrimento do Brasil.*** 1956. Óleo sobre tela, 199 x 169 cm Disponível em: www.portinari.org.br. Acesso em: 12 jun. 2013.

Pertencentes ao patrimônio cultural brasileiro, a carta de Pero Vaz de Caminha e a obra de Portinari retratam a chegada dos portugueses ao Brasil. Da leitura dos textos, constata-se que

a) a carta de Pero Vaz de Caminha representa uma das primeiras manifestações artísticas dos portugueses em terras brasileiras e preocupa-se apenas com a estética literária.
b) a tela de Portinari retrata indígenas nus com corpos pintados, cuja grande significação é a afirmação da arte acadêmica brasileira e a contestação de uma linguagem moderna.
c) a carta, como testemunho histórico-político, mostra o olhar do colonizador sobre a gente da terra, e a pintura destaca, em primeiro plano, a inquietação dos nativos.
d) as duas produções, embora usem linguagens diferentes – verbal e não verbal –, cumprem a mesma função social e artística.
e) a pintura e a carta de Caminha são manifestações de grupos étnicos diferentes, produzidas em um mesmo momento histórico, retratando a colonização.

Resp: **74** D **75** E **76** D **77** A **78** A **79** D **80** A

83

Querô

DELEGADO - Então desce ele. Vê o que arrancam desse sacana.

SARARÁ - Só que tem um porém. Ele é menor.

DELEGADO - Então vai com jeito. Depois a gente entrega pro juiz.

(Luz apaga no delegado e acende no repórter, que se dirige ao público.)

REPÓRTER - E o Querô foi espremido, empilhado, esmagado de corpo e alma num cubículo imundo, com outros meninos. Meninos todos espremidos, empilhados, esmagados de corpo e alma, alucinados pelos seus desesperos, cegados por muitas aflições. Muitos meninos, com seus desesperos e seus ódios, empilhados, espremidos, esmagados de corpo e alma no imundo cubículo do reformatório. E foi lá que o Querô cresceu.

MARCOS, P. ***Melhor teatro****. São Paulo:. Global, 2003 (fragmento).*

No discurso do repórter, a repetição causa um efeito de sentido de intensificação, construindo a ideia de

a) opressão física e moral, que gera rancor nos meninos.
b) repressão policial e social, que gera apatia nos meninos.
c) polêmica judicial e midiática, que gera confusão entre os meninos.
d) concepção educacional e carcerária, que gera comoção nos meninos.
e) informação crítica e jornalística, que gera indignação entre os meninos.

84

Mal secreto

Se a cólera que espuma, a dor que mora
N'alma, e destrói cada ilusão que nasce,
Tudo o que punge, tudo o que devora
O coração, no rosto se estampasse;

Se se pudesse, o espírito que chora,
Ver através da máscara da face,
Quanta gente, talvez, que inveja agora
Nos causa, então piedade nos causasse!

Quanta gente que ri, talvez, consigo
Guarda um atroz, recôndito inimigo,
Como invisível chaga cancerosa!

Quanta gente que ri, talvez existe,
Cuja ventura única consiste
Em parecer aos outros venturosa!

CORREIA, R. In: PATRIOTA, M. ***Para compreender Raimundo Correia****. Brasília: Alhambra, 1995.*

Coerente com a proposta parnasiana de cuidado formal e racionalidade na condução temática, o soneto de Raimundo Correia reflete sobre a forma como as emoções do indivíduo são julgadas em sociedade. Na concepção do eu lírico, esse julgamento revela que

a) a necessidade de ser socialmente aceito leva o indivíduo a agir de forma dissimulada.
b) o sofrimento íntimo torna-se mais ameno quando compartilhado por um grupo social.
c) a capacidade de perdoar e aceitar as diferenças neutraliza o sentimento de inveja.
d) o instinto de solidariedade conduz o indivíduo a apiedar-se do próximo.
e) a transfiguração da angústia em alegria é um artifício nocivo ao convívio social.

85

Secretaria de Cultura

EDITAL

NOTIFICAÇÃO - Síntese da resolução publicada no Diário Oficial da Cidade, 29/07/2011 - página 41 - 511.a Reunião Ordinária, em 21/06/2011.

Resolução n.o 08/2011 - TOMBAMENTO dos imóveis da Rua Augusta. n.o 349 e n.o 353, esquina coma Rua Marquês de Paranaguá, n.o 315. n.o 327 e n.o 329 (Setor 010, Quadra 026, Lotes 0016-2 e 00170-0), bairro da Consolação. Subprefeitura da Sé, conforme o processo administrativo n.o 1991-0.005.365-1.

Folha de S. Paulo, *5 ago. 2011 (adaptado)*

Um leitor interessado nas decisões governamentais escreve uma carta para o jornal que publicou o edital, concordando com a resolução sintetizada no Edital da Secretaria de Cultura. Uma frase adequada para expressar sua concordância é:

a) Que sábia iniciativa! Os prédios em péssimo estado de conservação devem ser derrubados.
b) Até que enfim! Os edifícios localizados nesse trecho descaracterizam o conjunto arquitetônico da Rua Augusta.
c) Parabéns! O poder público precisa mostrar sua força como guardião das tradições dos moradores locais.
d) Justa decisão! O governo dá mais um passo rumo à eliminação do problema da falta de moradias populares.
e) Congratulações! O patrimônio histórico da cidade merece todo empenho para ser preservado.

86

Adolescentes: mais altos, gordos e preguiçosos

A oferta de produtos industrializados e a falta de tempo têm sua parcela de responsabilidade no aumento da silhueta dos jovens. “Os nossos hábitos alimentares, de modo geral, mudaram muito”, observa Vivian Ellinger, presidente da Sociedade Brasileira de Endocrinologia e Metabologia (SBEM), no Rio de Janeiro. Pesquisas mostram que, aqui no Brasil, estamos exagerando no sal e no açúcar, além de tomar pouco leite e comer menos frutas e feijão.

Outro pecado, velho conhecido de quem exibe excesso de gordura por causa da gula, surge como marca da nova geração: a preguiça, “Cem por cento das meninas que participam do Programa não praticavam nenhum esporte”, revela a psicóloga Cristina Freire, que monitora o desenvolvimento emocional das voluntárias.

Você provavelmente já sabe quais são as consequências de uma rotina sedentária e cheia de gordura. “E não é novidade que os obesos têm uma sobrevida menor”, acredita Claudia Cozer, endocrinologista da Associação Brasileira para o Estudo da Obesidade e da Síndrome Metabólica. Mas, se há cinco anos os estudos projetavam um futuro sombrio para os jovens, no cenário atual as doenças que viriam na velhice já são parte da rotina deles. “Os adolescentes já estão sofrendo com hipertensão e diabete”, exemplifica Claudia.

DESGUALDO, P. ***Revista Saúde****. Disponível em: http://saude.abril.com.br. Acesso em 28 jul. 2012 (adaptado).*

Sobre a relação entre os hábitos da população adolescente e as suas condições de saúde, as informações apresentadas no texto indicam que

a) a falta de atividade física somada a uma alimentação nutricionalmente desequilibrada constituem fatores relacionados ao aparecimento de doenças crônicas entre os adolescentes.
b) a diminuição do consumo de alimentos fontes de carboidratos combinada com um maior consumo de alimentos ricos em proteínas contribuíram para o aumento da obesidade entre os adolescentes.
c) a maior participação dos alimentos industrializados e gordurosos na dieta da população adolescente tem tornado escasso o consumo de sais e açúcares, o que prejudica o equilíbrio metabólico.
d) a ocorrência de casos de hipertensão e diabetes entre os adolescentes advém das condições de alimentação, enquanto que na população adulta os fatores hereditários são preponderantes.
e) a prática regular de atividade física é um importante fator de controle da diabetes entre a população adolescente, por provocar um constante aumento da pressão arterial sistólica.

87

KUCZYNSKIEGO, P. Ilustração, 2008. Disponível em: http://capu.pl. Acesso em 3 ago. 2012.

O artista gráfico polonês Pawla Kuczynskiego nasceu em 1976 e recebeu diversos prêmios por suas ilustrações. Nessa obra, ao abordar o trabalho infantil, Kuczynskiego usa sua arte para

a) difundir a origem de marcantes diferenças sociais.
b) estabelecer uma postura proativa da sociedade.
c) provocar a reflexão sobre essa realidade.
d) propor alternativas para solucionar esse problema.
e) retratar como a questão é enfrentada em vários países do mundo.

Resp: **81** A **82** C

espontânea vontade, a esta relação sadomasoquista com as estruturas midiáticas, na qual tanto **controlamos** quanto somos controlados.

SAMPAIO A. S. A microfísica do espetáculo. Disponível em: http://observatoriodaimprensa.com.br. Acesso em: 1 mar 2013 (adaptado).

Ao escrever um artigo de opinião, o produtor precisa criar uma base de orientação linguística que permita alcançar os leitores e convencê-los com relação ao ponto de vista defendido. Diante disso, nesse texto, a escolha das formas verbais em destaque objetiva

a) criar relação de subordinação entre leitor e autor, já que ambos usam as novas tecnologias.
b) enfatizar a probabilidade de que toda população brasileira esteja aprisionada às novas tecnologias.
c) indicar, de forma clara, o ponto de vista de que hoje as pessoas são controladas pelas novas tecnologias.
d) tornar o leitor copartícipe do ponto de vista de que ele manipula as novas tecnologias e por elas é manipulado.
e) demonstrar ao leitor sua parcela de responsabilidade por deixar que as novas tecnologias controlem as pessoas.

88

O jogo é uma atividade ou ocupação voluntária, exercida dentro de certos e determinados limites de tempo e de espaço, segundo regras livremente consentidas, mas absolutamente obrigatórias, dotado de um fim em si mesmo, acompanhado de um sentimento de tensão e de alegria e de uma consciência de ser diferente da “vida quotidiana”.

*HUIZINGA, J. **Homo ludens**: o jogo como elemento da cultura. São Paulo: Perspectiva, 2004.*

Segundo o texto, o jogo comporta a possibilidade de fruição. Do ponto de vista das práticas corporais, essa fruição se estabelece por meio do(a)

a) fixação de táticas, que define a padronização para maior alcance popular.
b) competitividade, que impulsiona o interesse pelo sucesso.
c) refinamento técnico, que gera resultados satisfatórios.
d) caráter lúdico, que permite experiências inusitadas.
e) uso tecnológico, que amplia as opções de lazer.

89

Novas tecnologias

Atualmente, prevalece na mídia um discurso de exaltação das novas tecnologias, principalmente aquelas ligadas às atividades de telecomunicações. Expressões frequentes como “o futuro já chegou”, “maravilhas tecnológicas” e “conexão total com o mundo” “fetichizam” novos produtos, transformando-os em objetos do desejo, de consumo obrigatório. Por esse motivo carregamos hoje nos bolsos, bolsas e mochilas o “futuro”tão festejado.

Todavia, não **podemos** reduzir-nos a meras vítimas de um aparelho midiático perverso, ou de um aparelho capitalista controlador. Há perversão, certamente, e controle, sem sombra de dúvida. Entretanto, **desenvolvemos** uma relação simbiótica de dependência mútua com os veículos de comunicação, que se estreita a cada imagem compartilhada e a cada dossiê pessoal transformado em objeto público de entretenimento.

Não mais como aqueles acorrentados na caverna de Platão, **somos** livres para nos aprisionar, por

90

Olá! Negro

Os netos de teus mulatos e de teus cafuzos
e a quarta e a quinta gerações de teu sangue sofredor
tentarão apagar a tua cor!
E as gerações dessas gerações quando apagarem
a tua tatuagem execranda,
não apagarão de suas almas, a tua alma, negro!
Pai-João, Mãe-negra, Fulô, Zumbi,
negro-fujão, negro cativo, negro rebelde
negro cabinda, negro congo, negro íoruba,
negro que foste para o algodão de USA
para os canaviais do Brasil,
para o tronco, para o colar de ferro, para a canga
de todos os senhores do mundo;
eu melhor compreenda agora os teus blues
nesta hora triste da raça branca, negro!
Olá, Negro! Olá. Negro!
A raça que te enforca, enforca-se de tédio, negro!

*LIMA. J, **Obras completas** Rio de Janeiro Aguilar, 1958 (fragmento).*

O conflito de gerações e de grupos étnicos reproduz, na visão do eu lírico, um contexto social assinalado por

a) modernização dos modos de produção e consequente enriquecimento dos brancos.
b) preservação da memória ancestral e resistência negra à apatia cultural dos brancos.
c) superação dos costumes antigos por meio da incorporação de valores dos colonizados.
d) nivelamento social de descendentes de escravos e de senhores pela condição de pobreza.
e) antagonismo entre grupos de trabalhadores e lacunas de hereditariedade.

91

Até quando?

Não adianta olhar pro céu
Com muita fé e pouca luta
Levanta aí que você tem muito protesto pra fazer
E muita greve, você pode, você deve, pode crer
Não adianta olhar pro chão
Virar a cara pra não ver
Se liga aí que te botaram numa cruz e só porque Jesus
Sofreu não quer dizer que você tenha que sofrer!

GABRIEL, O PENSADOR. Seja você mesmo (mas não seja sempre o mesmo). Rio de Janeiro: Sony Music, 2001 (fragmento).

As escolhas linguísticas feitas pelo autor conferem ao texto

a) caráter atual, pelo uso de linguagem própria da internet.
b) cunho apelativo, pela predominância de imagens metafóricas.
c) tom de diálogo, pela recorrência de gírias.
d) espontaneidade, pelo uso da linguagem coloquial.
e) originalidade, pela concisão da linguagem.

92

CAULOS. Disponível em: www.caulos.com. Acesso em 24 set. 2011.

O cartum faz uma crítica social. A figura destacada está em oposição às outras e representa a

a) a opressão das minorias sociais.
b) carência de recursos tecnológicos.
c) falta de liberdade de expressão.
d) defesa da qualificação profissional.
e) reação ao controle do pensamento coletivo.

93

Própria dos festejos juninos, a quadrilha nasceu como dança aristocrática, oriunda dos salões franceses, depois difundida por toda a Europa.

No Brasil, foi introduzida como dança de salão e, por sua vez, apropriada e adaptada pelo gosto popular. Para sua ocorrência, é importante a presença de um mestre "marcante" ou "marcador", pois é quem determina as figurações diversas que os dançadores desenvolvem.

Observa-se a constância das seguintes marcações: "Tour", "En avant", "Chez des dames", "Chez des cheveliê", "Cestinha de flor", "Balancê", "Caminho da roça", "Olha a chuva", "Garranchê", "Passeio", "Coroa de flores", "Coroa de espinhos" etc.

No Rio de Janeiro, em contexto urbano, apresenta transformações: surgem novas figurações, o francês aportuguesado inexiste, o uso de gravações substitui a música ao vivo, além do aspecto de competição, que sustenta os festivais de quadrilha, promovidos por órgãos de turismo.

*CASCUDO. L.C. **Dicionário do folclore brasileiro.** Rio de Janeiro: Melhoramentos. 1976.*

As diversas formas de dança são demonstrações da diversidade cultural do nosso país. Entre elas, a quadrilha é considerada uma dança folclórica por

a) possuir como característica principal os atributos divinos e religiosos e, por isso, identificar uma nação ou região.
b) abordar as tradições e costumes de determinados povos ou regiões distintas de uma mesma nação.

Resp: 83 A 84 A 85 E 86 A

c) apresentar cunho artístico e técnicas apuradas, sendo, também, considerada dança-espetáculo.
d) necessitar de vestuário específico para a sua prática, o qual define seu país de origem.
e) acontecer em salões e festas e ser influenciada por diversos gêneros musicais.

94

Jogar limpo

Argumentar não é ganhar uma discussão a qualquer preço. Convencer alguém de algo é, antes de tudo, uma alternativa à prática de ganhar uma questão no grito ou na violência física - ou não física. Não física, dois pontos. Um político que mente descaradamente pode cativar eleitores. Uma publicidade que joga baixo pode constranger multidões a consumir um produto danoso ao ambiente. Há manipulações psicológicas não só na religião. E é comum pessoas agirem emocionalmente, porque vítimas de ardilosa - e cangoteira - sedução. Embora a eficácia a todo preço não seja argumentar, tampouco se trata de admitir só verdades científicas - formar opinião apenas depois de ver a demonstração e as evidências, como a ciência faz. Argumentar é matéria da vida cotidiana, uma forma de retórica, mas é um raciocínio que tenta convencer sem se tornar mero cálculo manipulativo, e pode ser rigoroso sem ser científico.

__Língua Portuguesa.__ São Paulo, ano 5, n. 66. abr. 2011 (adaptado).

No fragmento, opta-se por uma constução linguística bastante diferente em relação aos padrões normalmente empregados na escrita. Trata-se da frase "Não física, dois pontos". Nesse contexto, a escolha por se representar por extenso o sinal de pontuação que deveria ser utilizado

a) enfatiza a metáfora de que o autor se vale para desenvolver seu ponto de vista sobre a arte de argumentar.
b) diz respeito a um recurso de metalinguagem, evidenciando as relações e as estruturas presentes no enunciado.
c) é um recurso estilístico que promove satisfatoriamente a sequenciação de ideias, introduzindo apostos exemplificativos.
d) ilustra a flexibilidade na estruturação do gênero textual, a qual se concretiza no emprego da linguagem conotativa.
e) prejudica a sequência do texto, provocando estranheza no leitor ao não desenvolver explicitamente o raciocínio a partir de argumentos.

95

A diva

Vamos ao teatro, Maria José?
Quem me dera,
desmanchei em rosca quinze kilos de farinha
tou podre. Outro dia a gente vamos
Falou meio triste, culpada,
e um pouco alegre por recusar com orgulho
TEATRO! Disse no espelho.
TEATRO! Mais alto, desgrenhada.
TEATRO! E os cacos voaram
sem nenhum aplauso.
Perfeita.

PRADO, A. __Oráculos de maio__. São Paulo: Siciliano, 1999.

Os diferentes gêneros textuais desempenham funções sociais diversas reconhecidas pelo leitor com base em suas características específicas, bem como na situação comunicativa em que ele é produzido. Assim, o texto *A diva*.

a) narra um fato real vivido por Maria José.
b) surpreende o leitor pelo seu efeito poético.
c) relata uma experiência teatral profissional.
d) descreve uma ação típica de uma mulher sonhadora.
e) defende um ponto de vista relativo ao exercício teatral.

96

Tudo no mundo começou com um sim. Uma molécula disse sim a outra molécula e nasceu a vida. Mas antes da pré-história havia a pré-história da pré-história e havia o nunca e havia o sim. Sempre houve. Não sei o quê, mas sei que o universo jamais começou.

[...]

Enquanto eu tiver perguntas e não houver resposta continuarei a escrever. Como começar pelo início, se as coisas acontecem antes de acontecer? Se antes da pré-história já havia os monstros apocalípticos? Se esta história não existe, passará a existir. Pensar é um ato. Sentir é um fato. Os dois juntos – sou eu que escrevo o que estou escrevendo. [...] Felicidade? Nunca vi palavra mais doida, inventada pelas nordestinas que andam por aí aos montes.

Como eu irei dizer agora, esta história será o resultado de uma visão gradual – há dois anos e meio venho aos poucos descobrindo os porquês. É visão da iminência de. De quê? Quem sabe se mais tarde saberei. Como que estou escrevendo na hora mesma em que sou lido. Só não inicio pelo fim que justificaria o começo – como a morte parece dizer sobre a vida – porque preciso registrar os fatos antecedentes.

*LISPECTOR, C. A **hora da estrela**. Rio de Janeiro: Rocco, 1998 (fragmento).*

A elaboração de uma voz narrativa peculiar acompanha a trajetória literária de Clarice Lispector, culminada com a obra ***A hora da estrela***, de 1977, ano da morte da escritora. Nesse fragmento, nota-se essa peculiaridade porque o narrador

a) observa os acontecimentos que narra sob uma ótica distante, sendo indiferente aos fatos e às personagens.

b) relata a história sem ter tido a preocupação de investigar os motivos que levaram aos eventos que a compõem.

c) revela-se um sujeito que reflete sobre questões existenciais e sobre a construção do discurso.

d) admite a dificuldade de escrever uma história em razão da complexidade para escolher as palavras exatas.

e) propõe-se a discutir questões de natureza filosófica e metafísica, incomuns na narrativa de ficção.

97

TEXTO I

É evidente que a vitamina D é importante — mas como obtê-la? Realmente, a vitamina D pode ser produzida naturalmente pela exposição à luz do sol, mas ela também existe em alguns alimentos comuns. Entretanto, como fonte dessa vitamina, certos alimentos são melhores do que outros. Alguns possuem uma quantidade significativa de vitamina D, naturalmente, e são alimentos que talvez você não queira exagerar: manteiga, nata, gema de ovo e fígado.

Disponível em: http://saude.hsw.uol.com.br. Acesso em: 31 jul. 2012.

TEXTO II

Todos nós sabemos que a vitamina D (colecalciferol) é crucial para sua saúde. Mas a vitamina D é realmente uma vitamina? Está presente nas comidas que os humanos normalmente consomem? Embora exista em algum percentual na gordura do peixe, a vitamina D não está em nossas dietas, a não ser que os humanos artificialmente incrementem um produto alimentar, como o leite enriquecido com vitamina D. A natureza planejou que você a produzisse em sua pele, e não a colocasse direto em sua boca.

Então, seria a vitamina D realmente uma vitamina?

Disponível em: www.umaoutravisao.com.br. Acesso em: 31 jul. 2012.

Frequentemente circulam na mídia textos de divulgação científica que apresentam informações divergentes sobre um mesmo tema. Comparando os dois textos, constata-se que o Texto II contrapõe-se ao I quando

a) comprova cientificamente que a vitamina D não é uma vitamina.

b) demonstra a verdadeira importância da vitamina D para a saúde.

c) enfatiza que a vitamina D é mais comumente produzida pelo corpo que absorvida por meio de alimentos.

d) afirma que a vitamina D existe na gordura dos peixes e no leite, não em seus derivados.

e) levanta a possibilidade de o corpo humano produzir artificialmente a vitamina D.

98

O bit na galáxia de Gutenberg

Neste século, a escrita divide terreno com diversos meios de comunicação. Essa questão nos faz pensar na necessidade da "imbricação, na coexistência

Resp: **87** C **88** D **89** D **90** B **91** D **92** E

e interpretação recíproca dos diversos circuitos de produção e difusão do saber...".

É necessário relativizar nossa postura frente às modernas tecnologias, principalmente à informática. Ela é um campo novidativo, sem dúvida, mas suas bases estão nos modelos informativos anteriores, inclusive, na tradição oral e na capacidade natural de simular mentalmente os acontecimentos do mundo e antecipar as consequências de nossos atos. A impressão é a matriz que deflagrou todo esse processo comunicacional eletrônico. Enfatizo, assim, o parentesco que há entre o computador e os outros meios de comunicação, principalmente a escrita, uma visão da informática como um "desdobramento daquilo que a produção literária impressa e, anteriormente, a tradição oral já traziam consigo".

NEITZEL. L.C. Disponível em. www.geocities.com. Acesso em: 1 ago 2012 (adaptado).

Ao tecer considerações sobre as tecnologias da contemporaneidade e os meios de comunicação do passado, esse texto concebe que a escrita contribui para uma evolução das novas tecnologias por

a) se desenvolver paralelamente nos meios tradicionais de comunicação e informação.

b) cumprir função essencial na contemporaneidade por meio das impressões em papel.

c) realizar transição relevante da tradição oral para o progresso das sociedades humanas.

d) oferecer melhoria sistemática do padrão de vida e do desenvolvimento social humano.

e) fornecer base essencial para o progresso das tecnologias de comunicação e informação.

99

Manta que costura causos e histórias no seio de uma família serve de metáfora da memória em obra escrita por autora portuguesa

O que poderia valer mais do que a manta para aquela família? Quadros de pintores famosos? Joias de rainha? Palácios? Uma manta feita de centenas de retalhos de roupas velhas aquecia os pés das crianças e a memória da avó, que a cada quadrado apontado por seus netos resgatava de suas lembranças uma história. Histórias fantasiosas como a do vestido com um bolso que abrigava um gnomo comedor de biscoitos; histórias de traquinagem como a do calção transformado em farrapos no dia em que o menino, que gostava de andar de bicicleta de olhos fechados, quebrou o braço; histórias de saudades, como o avental que carregou uma carta por mais de um mês ... Muitas histórias formavam aquela manta. Os protagonistas eram pessoas da família, um tio, uma tia, o avô, a bisavó, ela mesma, os antigos donos das roupas.

Um dia, a avó morreu, e as tias passaram a disputar a manta, todas a queriam, mais do que aos quadros, joias e palácios deixados por ela. Felizmente, as tias conseguiram chegar a um acordo, e a manta passou a ficar cada mês na casa de uma delas. E os retalhos, à medida que iam se acabando, eram substituídos por outros retalhos, e novas e antigas histórias foram sendo incorporadas à manta mais valiosa do mundo.

LASEVICIUS, A. ***Língua Portuguesa****, São Paulo, n. 76, 2012 (adaptado).*

A autora descreve a importância da manta para aquela família, ao verbalizar que "novas e antigas histórias foram sendo incorporadas à manta mais valiosa do mundo". Essa valorização evidencia-se pela

a) oposição entre os objetos de valor, como joias, palácios e quadros, e a velha manta.

b) descrição detalhada dos aspectos físicos da manta, como cor e tamanho dos retalhos.

c) valorização da manta como objeto de herança familiar disputado por todos.

d) comparação entre a manta que protege do frio e a manta que aquecia os pés das crianças.

e) correlação entre os retalhos da manta e as muitas histórias de tradição oral que os formavam.

100

O **hipertexto** permite – ou, de certo modo, em alguns casos, até mesmo exige – a participação de diversos autores na sua construção, a redefinição dos papéis de autor e leitor e a revisão dos modelos tradicionais de leitura e de escrita. Por seu enorme potencial para se estabelecerem conexões, ele facilita o desenvolvimento de trabalhos coletivamente, o estabelecimento da comunicação e a aquisição de informação de maneira cooperativa.

Embora haja quem identifique o hipertexto exclusivamente com os textos eletrônicos, produzidos em determinado tipo de meio ou de tecnologia, ele não deve ser limitado a isso, já que consiste numa forma organizacional que tanto pode ser concebida para o papel como para os ambientes digitais. É claro que o texto virtual permite concretizar certos aspectos que, no papel, são praticamente inviáveis: a conexão imediata, a comparação de trechos de textos na mesma tela, o "mergulho" nos diversos aprofundamentos de um tema, como se o texto tivesse camadas, dimensões ou planos.

RAMAL, A. C. **Educação na cibercultura**: hipertextualidade, leitura, escrita e aprendizagem. Porto Alegre: Artmed, 2002.

Considerando-se a linguagem específica de cada sistema de comunicação, como rádio, jornal, TV, internet, segundo o texto, a hipertextualidade configura-se como um(a)

a) elemento originário dos textos eletrônicos.
b) conexão imediata e reduzida ao texto digital.
c) novo modo de leitura e de organização da escrita.
d) estratégia de manutenção do papel do leitor com perfil definido.
e) modelo de leitura baseado nas informações da superfície do texto.

101

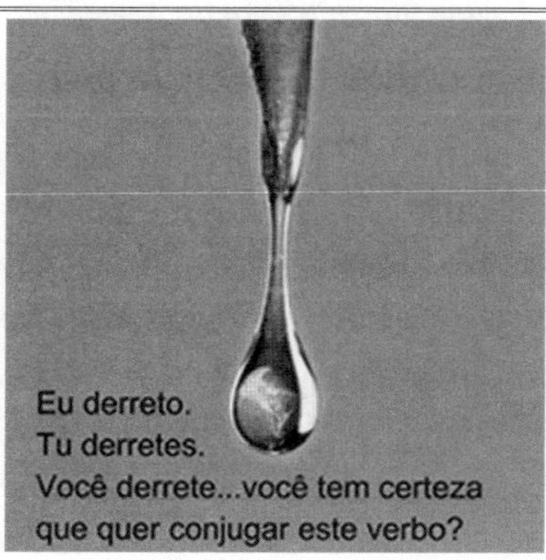

Disponível em: http://orion-oblog.blogspot.com.br. Acesso em: 6 jun. 2012 (adaptado).

O cartaz aborda a questão do aquecimento global. A relação entre os recursos verbais e não verbais nessa propaganda revela que

a) o discurso ambientalista propõe formas radicais de resolver os problemas climáticos.
b) a preservação da vida na Terra depende de ações de dessalinização da água marinha.
c) a acomodação da topografia terrestre desencadeia o natural degelo das calotas polares.
d) o descongelamento das calotas polares diminui a quantidade de água doce potável do mundo.
e) a agressão ao planeta é dependente da posição assumida pelo homem frente aos problemas ambientais.

102

Mesmo tendo a trajetória do movimento interrompida com a prisão de seus dois líderes, o tropicalismo não deixou de cumprir seu papel de vanguarda na música popular brasileira. A partir da década de 70 do século passado, em lugar do produto musical de exportação de nível internacional prometido pelos baianos com a "retomada da linha evolutória", instituiu-se nos meios de comunicação e na indústria do lazer uma nova era
musical.

TINHORÃO, J.R. **Pequena história da música popular**: da modinha ao tropicalismo. São Paulo: Art, 1986 (adaptado).

A nova era musical mencionada no texto evidencia um gênero que incorporou a cultura de massa e se adequou à realidade brasileira. Esse gênero está representado pela obra cujo trecho da letra é:

a) A estrela d'alva / No céu desponta / E a lua anda tonta/ Com tamanho esplendor. (*As pastorinhas*, Noel Rosa e João de Barro)
b) Hoje / Eu quero a rosa mais linda que houver / Quero a primeira estrela que vier / Para enfeitar a noite do meu bem. (*A noite do meu bem*, Dolores Duran)
c) No rancho fundo / Bem pra lá do fim do mundo / Onde a dor e a saudade / Contam coisas da cidade. (*No rancho fundo*, Ary Barroso e Lamartine Babo)
d) Baby Baby / Não adianta chamar / Quando alguém está perdido / Procurando se encontrar. (*Ovelha negra*, Rita Lee)
e) Pois há menos peixinhos a nadar no mar / Do que os beijinhos que eu darei / Na sua boca. (*Chega de saudade*, Tom Jobim e Vinicius de Moraes)

103

Futebol: "A rebeldia é que muda o mundo"

Conheça a história de Afonsinho, o primeiro jogador do futebol brasileiro a derrotar a cartolagem e a conquistar o Passe Livre, há exatos 40 anos.

Resp: 93 B 94 C 95 B 96 C 97 C

Pelé estava se aposentando pra valer pela primeira vez, então com a camisa do Santos (porque depois voltaria a atuar pelo New York Cosmos, dos Estados Unidos), em 1972, quando foi questionado se, finalmente, sentia-se um homem livre. O Rei respondeu sem titubear:

— Homem livre no futebol só conheço um: o Afonsinho. Este sim pode dizer, usando as suas palavras, que deu o grito de independência ou morte. Ninguém mais. O resto é conversa.

Apesar de suas declarações serem motivo de chacota por parte da mídia futebolística e até dos torcedores brasileiros, o Atleta do Século acertou. E provavelmente acertaria novamente hoje.

Pela admiração por um de seus colegas de clube daquele ano. Pelo reconhecimento do caráter e personalidade de um dos jogadores mais contestadores do futebol nacional. E principalmente em razão da história de luta – e vitória – de Afonsinho sobre os cartolas.

ANDREUCCI, R. Disponível em: http://carosamigos.terra.com.br. Acesso em: 19 ago 2011.

O autor utiliza marcas linguísticas que dão ao texto um caráter informal. Uma dessas marcas é identificada em:

a) "[...] o Atleta do Século acertou."
b) "O Rei respondeu sem titubear [...]".
c) "E provavelmente acertaria novamente hoje."
d) "Pelé estava se aposentando pra valer pela primeira vez [...]".
e) "Pela admiração por um de seus colegas de clube daquele ano."

104

Disponível em: http://clubedamafalda.blogspot.com.br. Acesso em: 21 set. 2011.

Nessa charge, o recurso morfossintático que colabora para o efeito de humor está indicado pelo(a)

a) emprego de uma oração adversativa, que orienta a quebra da expectativa ao final.
b) uso de conjunção aditiva, que cria uma relação de causa e efeito entre as ações.
c) retomada do substantivo "mãe", que desfaz a ambiguidade dos sentidos a ele atribuídos.
d) utilização da forma pronominal "la", que reflete um tratamento formal do filho em relação à "mãe".
e) repetição da forma verbal "é", que reforça a relação de adição existente entre as orações.

105

Disponível em: www.filosofia.com.br. Acesso em: 30 abr. 2010.

Pelas características da linguagem visual e pelas escolhas vocabulares, pode-se entender que o texto possibilita a reflexão sobre uma problemática contemporânea ao

a) criticar o transporte rodoviário brasileiro, em razão da grande quantidade de caminhões nas estradas.
b) ironizar a dificuldade de locomoção no trânsito urbano, devida ao grande fluxo de veículos.
c) expor a questão do movimento como um problema existente desde tempos antigos, conforme frase citada.
d) restringir os problemas de tráfego a veículos particulares, defendendo, como solução, o transporte público.
e) propor a ampliação de vias nas estradas, detalhando o espaço exíguo ocupado pelos veículos nas ruas.

106

Gripado, penso entre espirros em como a palavra gripe nos chegou após uma série de contágios entre línguas. Partiu da Itália em 1743 a epidemia de gripe que disseminou pela Europa, além do vírus propriamente dito, dois vocábulos virais: o italiano influenza e o francês grippe. O primeiro era um termo derivado do latim medieval influentia, que significava "influência dos astros sobre os homens". O segundo era apenas a forma nominal do verbo gripper, isto é, "agarrar". Supõe-se que fizesse referência ao modo violento como o vírus se apossa do organismo infectado.

RODRIGUES. S. Sobre palavras. ***Veja****, São Paulo, 30 nov. 2011*

Para se entender o trecho como uma unidade de sentido, é preciso que o leitor reconheça a ligação entre seus elementos. Nesse texto, a coesão é construída predominantemente pela retomada de um termo por outro e pelo uso da elipse. O fragmento do texto em que há coesão por elipse do sujeito é:

a) "[...] a palavra gripe nos chegou após uma série de contágios entre línguas."
b) "Partiu da Itália em 1743 a epidemia de gripe [...]".
c) "O primeiro era um termo derivado do latim medieval influentia, que significava 'influência dos astros sobre os homens'."
d) "O segundo era apenas a forma nominal do verbo gripper [...]".
e) "Supõe-se que fizesse referência ao modo violento como o vírus se apossa do organismo infectado."

107

Capítulo LIV – A pêndula

Saí dali a saborear o beijo. Não pude dormir; estirei-me na cama, é certo, mas foi o mesmo que nada. Ouvi as horas todas da noite. Usualmente, quando eu perdia o sono, o bater da pêndula fazia-me muito mal; esse tique-taque soturno, vagaroso e seco parecia dizer a cada golpe que eu ia ter um instante menos de vida. Imaginava então um velho diabo, sentado entre dois sacos, o da vida e o da morte, e a contá-las assim:

— Outra de menos...

— Outra de menos...

— Outra de menos...

— Outra de menos...

O mais singular é que, se o relógio parava, eu dava-lhe corda, para que ele não deixasse de bater nunca e eu pudesse contar todos os meus instantes perdidos. Invenções há, que se transformam ou acabam; as mesmas instituições morrem; o relógio é definitivo e perpétuo. O derradeiro homem, ao despedir-se do sol frio e gasto, há de ter um relógio na algibeira, para saber a hora exata em que morre.

Naquela noite não padeci essa triste sensação de enfado, mas outra, e deleitosa. As fantasias tumultuavam-me cá dentro, vinham umas sobre outras, à semelhança de devotas que se abalroam para ver o anjo-cantor das procissões. Não ouvia os instantes perdidos, mas os minutos ganhados.

ASSIS, M. ***Memórias póstumas de Brás Cubas.***
Rio de Janeiro: Nova Aguilar, 1992 (fragmento).

O capítulo apresenta o instante em que Brás Cubas revive a sensação do beijo trocado com Virgília, casada com Lobo Neves. Nesse contexto, a metáfora do relógio desconstrói certos paradigmas românticos, porque

a) o narrador e Virgília não têm percepção do tempo em seus encontros adúlteros.
b) como "defunto autor", Brás Cubas reconhece a inutilidade de tentar acompanhar o fluxo do tempo.
c) na contagem das horas, o narrador metaforiza o desejo de triunfar e acumular riquezas.
d) o relógio representa a materialização do tempo e redireciona o comportamento idealista de Brás Cubas.
e) o narrador compara a duração do sabor do beijo à perpetuidade do relógio.

108

Para Carr, internet atua no comércio da distração

Autor de "A Geração Superficial" analisa a influência da tecnologia na mente

O jornalista americano Nicholas Carr acredita que a internet não estimula a inteligência de ninguém. O autor explica descobertas científicas sobre o funcionamento do cérebro humano e teoriza sobre a influência da internet em nossa forma de pensar.

Para ele, a rede torna o raciocínio de quem navega mais raso, além de fragmentar a atenção de seus usuários.

Mais: Carr afirma que há empresas obtendo lucro com a recente fragilidade de nossa atenção. "Quanto mais tempo passamos *on-line* e quanto mais rápido passamos de uma informação para a outra, mais dinheiro as empresas de internet fazem", avalia.

"Essas empresas estão no comércio da distração e são *experts* em nos manter cada vez mais famintos por informação fragmentada em partes pequenas. É claro que elas têm interesse em nos estimular e tirar vantagem da nossa compulsão por tecnologia."

*ROXO, E. **Folha de S. Paulo**. 18 fev. 2012 (adaptado)*

A crítica do jornalista norte-americano que justifica o título do texto é a de que a internet

a) mantém os usuários cada vez menos preocupados com a qualidade da informação.

b) torna o raciocínio de quem navega mais raso, além de fragmentar a atenção de seus usuários.

c) desestimula a inteligência, de acordo com descobertas científicas sobre o cérebro.

d) influencia nossa forma de pensar com a superficialidade dos meios eletrônicos.

e) garante a empresas a obtenção de mais lucro com a recente fragilidade de nossa atenção.

109

Na verdade, o que se chama genericamente de índios é um grupo de mais de trezentos povos que, juntos, falam mais de 180 línguas diferentes. Cada um desses povos possui diferentes histórias, lendas, tradições, conceitos e olhares sobre a vida, sobre a liberdade, sobre o tempo e sobre a natureza. Em comum, tais comunidades apresentam a profunda comunhão com o ambiente em que vivem, o respeito em relação aos indivíduos mais velhos, a preocupação com as futuras gerações, e o senso de que a felicidade individual depende do êxito do grupo. Para eles, o sucesso é resultado de uma construção coletiva. Estas ideias, partilhadas pelos povos indígenas, são indispensáveis para construir qualquer noção moderna de civilização. Os verdadeiros representantes do atraso no nosso país não são os índios, mas aqueles que se pautam por visões preconceituosas e ultrapassadas de "progresso".

*AZZI, R. **As razões de ser guarani-kaiowá**.*
Disponível em: www.outraspalavras.net.
Acesso em: 7 dez. 2012.

Considerando-se as informações abordadas no texto, ao iniciá-lo com a expressão "Na verdade", o autor tem como objetivo príncipal

a) expor as características comuns entre os povos indígenas no Brasil e suas ideias modernas e civilizadas.

b) trazer uma abordagem inédita sobre os povos indígenas no Brasil e, assim, ser reconhecido como especialista no assunto.

c) mostrar os povos indígenas vivendo em comunhão com a natureza, e, por isso, sugerir que se deve respeitar o meio ambiente e esses povos.

d) usar a conhecida oposição entre moderno e antigo como uma forma de respeitar a maneira ultrapassada como vivem os povos indígenas em diferentes regiões do Brasil.

e) apresentar informações pouco divulgadas a respeito dos indígenas no Brasil, para defender o caráter desses povos como civilizações, em contraposição a visões preconcebidas.

110

CURY, C. Disponível em: http://tirasnacionais.blogspot.com.
Acesso em: 13 nov. 2011.

A tirinha denota a postura assumida por seu produtor frente ao uso social da tecnologia para fins de interação e de informação. Tal posicionamento é expresso, de forma argumentativa, por meio de uma atitude

a) crítica, expressa pelas ironias.

b) resignada, expressa pelas enumerações.

c) indignada, expressa pelos discursos diretos.

d) agressiva, expressa pela contra-argumentação.

e) alienada, expressa pela negação da realidade.

111

Dúvida

Dois compadres viajavam de carro por uma estrada de fazenda quando um bicho cruzou a frente do carro. Um dos compadres falou:

— Passou um largato ali!

O outro perguntou:

— Lagarto ou largato?

O primeiro respondeu:

— Num sei não, o bicho passou muito rápido.

***Piadas coloridas**. Rio de Janeiro: Gênero, 2006.*

Na piada, a quebra de expectativa contribui para produzir o efeito de humor. Esse efeito ocorre porque um dos personagens

a) reconhece a espécie do animal avistado.
b) tem dúvida sobre a pronúncia do nome do réptil.
c) desconsidera o conteúdo linguístico da pergunta.
d) constata o fato de um bicho cruzar a frente do carro.
e) apresenta duas possibilidades de sentido para a mesma palavra.

112

(Tradução da placa: "Não me esqueçam quando eu for um nome importante.")

*NAZARETH, P. **Mercado de Artes / Mercado de Bananas.** Miami Art Basel, EUA, 2011. Disponível em: www.40forever.com.br Acesso em: 31 jul. 2012.*

A contemporaneidade identificada na performance/instalação do artista mineiro Paulo Nazareth reside principalmente na forma como ele

a) resgata conhecidas referências do modernismo mineiro.
b) utiliza técnicas e suportes tradicionais na construção das formas.
c) articula questões de identidade, território e códigos de linguagens.
d) imita o papel das celebridades no mundo contemporâneo.
e) camufla o aspecto plástico e a composição visual de sua montagem.

113

Quadrinho quadrado

XAVIER, C. Disponível em: www.releituras.com: Acesso em: 24 abr. 2010.

Os objetivos que motivam os seres humanos a estabelecer comunicação determinam, em uma situação de interlocução, o predomínio de uma ou de outra função de linguagem. Nesse texto, predomina a função que se caracteriza por

a) tentar persuadir o leitor acerca da necessidade de se tomarem certas medidas para a elaboração de um livro.
b) enfatizar a percepção subjetiva do autor, que projeta para sua obra seus sonhos e histórias.

Resp: **103** D **104** A **105** B **106** E **107** D

c) apontar para o estabelecimento de interlocução de modo superficial e automático, entre o leitor e o livro.

d) fazer um exercício de reflexão a respeito dos princípios que estruturam a forma e o conteúdo de um livro.

e) retratar as etapas do processo de produção de um livro, as quais antecedem o contato entre leitor e obra.

114

brasilidade em construção

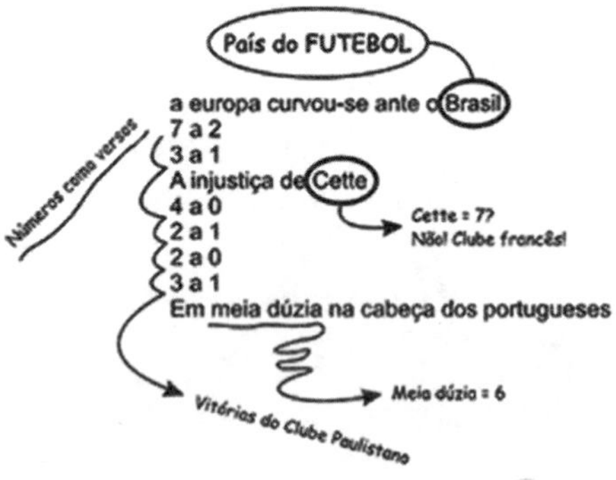

MUSEU DA LÍNGUA PORTUGUESA. ***Oswald de Andrade**: o culpado de tudo.*
27 set.2011 a 29 jan. 2012. São Paulo: Prof. Gráfica. 2012.

O poema de Oswald de Andrade remonta à ideia de que a brasilidade está relacionada ao futebol. Quanto à questão da identidade nacional, as anotações em torno dos versos constituem

a) direcionamentos possíveis para uma leitura crítica de dados histórico-culturais.

b) forma clássica da construção poética brasileira.

c) rejeição à ideia do Brasil como o país do futebol.

d) intervenções de um leitor estrangeiro no exercício de leitura poética.

e) lembretes de palavras tipicamente brasileiras substitutivas das originais.

115

O que a internet esconde de você

Sites de busca manipulam resultados. Redes sociais decidem quem vai ser seu amigo – e descartam as pessoas sem avisar. E, para cada site que você pode acessar, há 400 outros invisíveis, Prepare-se para conhecer o lado oculto da internet.

*GRAVATÁ, A. **Superinteressante**.*
São Paulo, ed. 297. nov 2011 (adaptado)

Analisando-se as informações verbais e a imagem associada a uma cabeça humana, compreende-se que a venda

a) representa a amplitude de informações que compõem a internet, às quais temos acesso em redes sociais e *sites* de busca.

b) faz uma denúncia quanto às informações que são omitidas dos usuários da rede, sendo empregada no sentido conotativo.

c) diz respeito a um buraco negro digital, onde estão escondidas as informações buscadas pelo usuário nos sites que acessa.

d) está associada a um conjunto de restrições sociais presentes na vida daqueles que estão sempre conectados à internet.

e) remete às bases de dados da web, protegidas por senhas ou assinaturas e às quais o navegador não tem acesso.

116

O que é bullying virtual ou cyberbullying?

É o *bullying* que ocorre em meios eletrônicos, com mensagens difamatórias ou ameaçadoras circulando por e-mails, sites, blogs (os diários virtuais), redes sociais e celulares. É quase uma extensão do que dizem e fazem na escola, mas com o agravante de que as pessoas envolvidas não estão cara a cara.

Dessa forma, o anonimato pode aumentar a crueldade dos comentários e das ameaças e os efeitos podem ser tão graves ou piores. "O autor, assim como o alvo, tem dificuldade de sair de seu papel e retomar valores esquecidos ou formar novos", explica Luciene Tognetta, doutora em Psicologia Escolar e pesquisadora da Faculdade de Educação da Universidade Estadual de Campinas (Unicamp).

Disponível em http://revistaescola.abril.com.br. Acesso em: 3 ago. 2012 (adaptado).

Segundo o texto, com as tecnologias de informação e comunicação, a prática do *bullying* ganha novas nuances de perversidade e é potencializada pelo fato de

a) atingir um grupo maior de espectadores.

b) dificultar a identificação do agressor incógnito.

c) impedir a retomada de valores consolidados pela vítima.

d) possibilitar a participação de um número maior de autores.

e) proporcionar o uso de uma variedade de ferramentas da internet.

117

Casados e independentes

Um novo levantamento do IBGE mostra que o número de casamentos entre pessoas na faixa dos 60 anos cresce, desde 2003, a um ritmo 60% maior que o observado na população brasileira como um todo...

Fontes: IBGE e Organização Internacional do Trabalho (OIT)

**Com base no último dado disponível, de 2008*

***Veja, São Paulo**, 21 abr. 2010 (adaptado).*

Os gráficos expõem dados estatísticos por meio de linguagem verbal e não verbal. No texto, o uso desse recurso

a) exemplifica o aumento da expectativa de vida da população.

b) explica o crescimento da confiança na instituição do casamento.

c) mostra que a população brasileira aumentou nos últimos cinco anos.

d) indica que as taxas de casamento e emprego cresceram na mesma proporção.

e) sintetiza o crescente número de casamentos e de ocupação no mercado de trabalho.

118

Lusofonia

rapariga: s.f., fem. de rapaz: mulher nova; moça; menina; (Brasil), meretriz.

Escrevo um poema sobre a rapariga que está sentada no café, em frente da chávena de café, enquanto alisa os cabelos com a mão. Mas não posso escrever este poema sobre essa rapariga porque, no brasil, a palavra rapariga não quer dizer o que ela diz em portugal. Então, terei de escrever a mulher nova do café, a jovem do café, a menina do café, para que a reputação da pobre rapariga que alisa os cabelos com a mão, num café de lisboa, não fique estragada para sempre quando este poema atravessar o atlântico para desembarcar no rio de janeiro. E isto tudo sem pensar em áfrica, porque aí lá terei

de escrever sobre a moça do café, para

evitar o tom demasiado continental da rapariga, que é

uma palavra que já me está a pôr com dores de cabeça até porque, no fundo, a única coisa que eu

[queria

era escrever um poema sobre a rapariga do café. A solução, então, é mudar de café, e limitar-me a escrever um poema sobre aquele café onde nenhuma rapariga se pode sentar à mesa porque só servem café ao balcão.

*JÚDICE, N. **Matéria do Poema**. Lisboa: D. Quixote, 2008.*

O texto traz em relevo as funções metalinguística e poética. Seu caráter metalinguístico justifica-se pela

a) discussão da dificuldade de se fazer arte inovadora no mundo contemporâneo.

Resp: **108** E **109** E **110** A **111** C **112** C

b) defesa do movimento artístco da pós-modernidade, típico do século XX.

c) abordagem de temas do cotidiano, em que a arte se volta para assuntos rotineiros.

d) tematização do fazer artístico, pela discussão do ato de construção da própria obra.

e) valorização do efeito de estranhamento causado no público, o que faz a obra ser reconhecida.

119

Art. 2º Considera-se criança, para os efeitos desta lei, a pessoa até doze anos de idade incompletos, e adolescente aquela entre doze e dezoito anos de idade. [...]

Art 3º A criança e o adolescente gozam de todos os direitos fundamentais inerentes à pessoa humana, sem prejuízo da proteção integral de que trata esta Lei, assegurando-se-lhes, por lei ou por outros meios, todas as oportunidades e facilidades, a fim de lhes facultar o desenvolvimento físico, mental, moral, espiritual e social, em condições de liberdade e de dignidade.

Art 4° É dever da família, da comunidade, da sociedade em geral e do poder público assegurar, com absoluta prioridade, a efetivação dos direitos referentes à vida, à saúde, à alimentação, à educação, ao esporte, ao lazer, à profissionalização, à cultura, à dignidade, ao respeito, à liberdade e à convivência familiar e comunitária. [...]

BRASIL. Lei n. 8 069, de 13 de julho de 1990.

Estatuto da criança e do adolescente.

Disponível em: www.planalto.gov.br (fragmento)

Para cumprir sua função social, o *Estatuto da criança e do adolescente* apresenta características próprias desse gênero quanto ao uso da língua e quanto à composição textual. Entre essas características, destaca-se o emprego de

a) repetição vocabular para facilitar o entendimento.

b) palavras e construções que evitem ambiguidade.

c) expressões informais para apresentar os direitos.

d) frases na ordem direta para apresentar as informações mais relevantes.

e) exemplificações que auxiliem a compreensão dos conceitos formulados.

120

O sociólogo espanhol Manuel Castells sustenta que a comunicação de valores e a mobilização em torno do sentido são fundamentais. Os movimentos culturais (entendidos como movimentos que têm como objetivo defender ou propor modos próprios de vida e sentido)

constroem-se em torno de sistemas de comunicação – essencialmente a internet e os meios de comunicação – porque esta é a principal via que esses movimentos encontram para chegar àquelas pessoas que podem eventualmente partilhar os seus valores, e a partir daqui atuar na consciência da sociedade no seu conjunto".

Disponível em: www.compolitica.org.

Acesso em: 2 mar. 2012 (adaptado).

Em 2011, após uma forte mobilização popular via redes sociais, houve a queda do governo de Hosni Mubarak no Egito. Esse evento ratifica o argumento de que

a) a internet atribui verdadeiros valores culturais aos seus usuários.

b) a consciência das sociedades foi estabelecida com o advento da internet.

c) a revolução tecnológica tem como principal objetivo a deposição de governantes antidemocráticos.

d) os recursos tecnológicos estão a serviço dos opressores e do fortalecimento de suas práticas políticas.

e) os sistemas de comunicação são mecanismos importantes, de adesão e compartilhamento de valores sociais.

ENEM - 2014

121

TEXTO I

Seis estados zeram fila de espera para transplante da córnea

Seis estados brasileiros aproveitaram o aumento no número de doadores e de transplantes feitos no primeiro semestre de 2012 no país e entraram para uma lista privilegiada: a de não ter mais pacientes esperando por uma córnea.

Até julho desse ano, Acre, Distrito Federal, Espírito Santo, Paraná, Rio Grande do Norte e São Paulo eliminaram a lista de espera no transplante de córneas, de acordo com balanço divulgado pelo Ministério da Saúde, no Dia Nacional de Doação de Órgãos e Tecidos. Em 2011, só São Paulo e Rio Grande do Norte conseguiram zerar essa fila.

TEXTO II

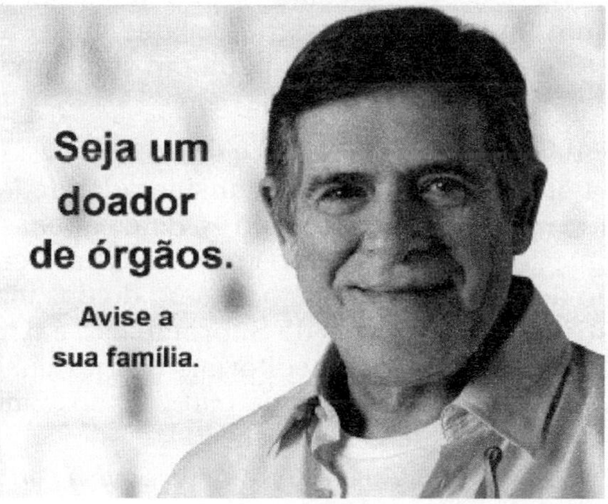

Disponível em: http://noticias.uol.com.br. Acesso em: 11 ago. 2013 (adaptado).

A notícia e o cartaz abordam a questão da doação de órgãos. Ao relacionar os dois textos, observa-se que o cartaz é

a) contraditório, pois a notícia informa que o país superou a necessidade de doação de órgãos.
b) complementar, pois a notícia diz que a doação de órgãos cresceu e o cartaz solicita doações.
c) redundante, pois a notícia e o cartaz têm a intenção de influenciar as pessoas a doarem seus órgãos.
d) indispensável, pois a notícia fica incompleta sem o cartaz, que apela para a sensibilidade das pessoas.
e) discordante, pois ambos os textos apresentam posi ções distintas sobre a necessidade de doação de órgãos.

122

Óia eu aqui de novo xaxando
Óia eu aqui de novo para xaxar

Vou mostrar pr'esses cabras
Que eu ainda dou no couro
Isso é um desaforo
Que eu não posso levar
Que eu aqui de novo cantando
Que eu aqui de novo xaxando
Óia eu aqui de novo mostrando
Como se deve xaxar

Vem cá morena linda
Vestida de chita
Você é a mais bonita
Desse meu lugar
Vai, chama Maria, chama Luzia
Vai, chama Zabé, chama Raque
Diz que eu tou aqui com alegria

*BARROS, A. **Óia eu aqui de novo**. Disponível em: www.luizluagonzaga.mus.br. Acesso em: 5 maio 2013 (fragmento).*

A letra da canção de Antônio de Barros manifesta aspectos do repertório linguístico e cultural do Brasil. O verso que singulariza uma forma característica do falar popular regional é:

a) "Isso é um desaforo".
b) "Diz que eu tou aqui com alegria".
c) "Vou mostrar pr'esses cabras".
d) "Vai, chama Maria, chama Luzia".
e) "Vem cá morena linda, vestida de chita".

123

Em uma escala de 0 a 10, o Brasil está entre 3 e 4 no quesito segurança da informação. "Estamos começando a acordar para o problema. Nessa história de espionagem corporativa, temos muita lição a fazer. Falta consciência institucional e um longo aprendizado. A sociedade caiu em si e viu que é uma coisa que nos afeta", diz S.P., pós-doutor em segurança da informação. Para ele, devem ser estabelecidos canais de

Resp: 113 D | 114 A | 115 B | 116 B | 117 E | 118 D | 119 B | 120 E denúncia para esse tipo de situação. De acordo com o conselheiro do Comitê Gestor da Internet (CGI), o Brasil tem condições de desenvolver tecnologia própria para garantir a segurança dos dados do país, tanto do governo quanto da população. "Há uma massa de conhecimento dentro das universidades e em empresas inovadoras que podem contribuir propondo medidas para que possamos mudar isso [falta de segurança] no longo prazo". Ele acredita que o governo tem de usar o seu poder de compra de softwares e hardwares para a área da segurança cibernética, de forma a fomentar essas empresas, a produção de conhecimento na área e a construção de uma cadeia de produção nacional.

SARRES, C. Disponível em: www.ebc.com.br Acesso em: 22 nov. 2013 (adaptado).

Considerando-se o surgimento da espionagem corporativa em decorrência do amplo uso da internet, o texto aponta uma necessidade advinda desse impacto, que se resume em

a) alertar a sociedade sobre os riscos de ser espionada.
b) promover a indústria de segurança da informação.
c) discutir a espionagem em fóruns internacionais.
d) incentivar o aparecimento de delatores.
e) treinar o país em segurança digital.

124

WILL. Disponível em: www.willtirando.com.br. Acesso em: 7 nov. 2013.

Opportunity é o nome de um veículo explorador que aterrissou em Marte com a missão de enviar informações à Terra. A charge apresenta uma crítica ao(à)

a) gasto exagerado com o envio de robôs a outros planetas.
b) exploração indiscriminada de outros planetas.
c) circulação digital excessiva de autorretratos.
d) vulgarização das descobertas espaciais.
e) mecanização das atividades humanas.

125

Só há uma saída para a escola se ela quiser ser mais bem-sucedida: aceitar a mudança da língua como um fato. Isso deve significar que a escola deve aceitar qualquer forma da língua em suas atividades escritas?

Não deve mais corrigir? Não!

Há outra dimensão a ser considerada: de fato, no mundo real da escrita, não existe apenas um português correto, que valeria para todas as ocasiões: o estilo dos contratos não é o mesmo do dos manuais de instrução; o dos juízes do Supremo não é o mesmo do dos cordelistas; o dos editoriais dos jornais não é o mesmo do dos cadernos de cultura dos mesmos jornais. Ou do de seus colunistas.

POSSENTI, S. ***Gramática na cabeça. Língua Portuguesa,*** *ano 5.º, n.º 67, maio 2011 (adaptado).*

Sírio Possenti defende a tese de que não existe um único "português correto". Assim sendo, o domínio da língua portuguesa implica, entre outras coisas, saber

a) descartar as marcas de informalidade do texto.
b) reservar o emprego da norma padrão aos textos de circulação ampla.
c) moldar a norma padrão do português pela linguagem do discurso jornalístico.
d) adequar as formas da língua a diferentes tipos de texto e contexto.
e) desprezar as formas da língua previstas pelas gramáticas e manuais divulgados pela escola.

126

Disponível em: www.portaldapropaganda.com.br. Acesso em: 29 out. 2013 (adaptado).

Os meios de comunicação podem contribuir para a resolução de problemas sociais, entre os quais o da violência sexual infantil. Nesse sentido, a propaganda usa a metáfora do pesadelo para

a) informar crianças vítimas de abuso sexual sobre os perigos dessa prática, contribuindo para erradicá-la.

b) denunciar ocorrências de abuso sexual contra meninas, com o objetivo de colocar criminosos na cadeia.

c) dar a devida dimensão do que é o abuso sexual para uma criança, enfatizando a importância da denúncia.

d) destacar que a violência sexual infantil predomina durante a noite, o que requer maior cuidado dos responsáveis nesse período.

e) chamar a atenção para o fato de o abuso infantil ocorrer durante o sono, sendo confundido por algumas crianças com um pesadelo.

127

eu acho um fato interessante ... né ... foi como meu pai
e minha mãe vieram se conhecer né que ... minha mãe morava no Piauí com toda família né meu ... meu avô ...materno no caso ... era maquinista ... ele sofreu um acidente ... infelizmente morreu ... minha mãe tinha cinco anos ... né ... e o irmão mais velho dela ... meu padrinho ... tinha dezessete e ele foi obrigado a trabalhar ... foi trabalhar no banco ... e ... ele foi ... o banco... no caso ... estava ... com um número de funcionários cheio e ele teve que ir para outro local e pediu transferência prum local mais perto de Parnaíba que era a cidade onde eles moravam e por engano o ... o ... escrivão entendeu Paraíba ... né ... e meu ... e minha família veio parar em Mossoró que era exatamente o local mais perto onde tinha vaga pra funcionário do Banco do Brasil e:: ela foi parar na rua do meu pai... né ... e começaram a se conhecer ... namoraram onze anos ... né ... pararam algum tempo ... brigaram ... é lógico ... porque todo relacionamento tem uma briga ... né ... e eu achei esse fato muito interessante porque foi uma coincidência incrível... né ... como vieram a se conhecer... namoraram e hoje ... e até hoje estão juntos ... dezessete anos de casados...

CUNHA, M. A. F. (Org.) Corpus discurso & gramática: a língua falada e escrita na cidade do Natal. Natal: EdUFRN, 1998.

Na transcrição de fala, há um breve relato de experiência pessoal, no qual se observa a frequente repetição de "né".

Essa repetição é um(a)

a) índice de baixa escolaridade do falante.

b) estratégia típica de manutenção da interação oral.

c) marca de conexão lógica entre conteúdos na fala.

d) manifestação característica da fala regional nordestina.

e) recurso enfatizador da informação mais relevante da narrativa.

128

O boxe está perdendo cada vez mais espaço para um fenômeno relativamente recente do esporte, o MMA.

E o maior evento de Artes Marciais Mistas do planeta é o Ultimate Fighting Championship, ou simplesmente UFC.

O ringue, com oito cantos, foi desenhado para deixar os lutadores com mais espaço para as lutas. Os atletas podem usar as mãos e aplicar golpes de jiu-jitsu. Muitos podem falar que a modalidade é uma espécie de valetudo, mas isso já ficou no passado: agora, a modalidade tem regras e acompanhamento médico obrigatório para que o esporte apague o estigma negativo.

*CORREIA. D. UFC: saiba como o MMA nocauteou o boxe em oito golpes. **Veja.** 10 jun. 2011 (fragmento).*

Resp: **121** B **122** C

O processo de modificação das regras do MMA retrata a tendência de redimensionamento de algumas práticas corporais, visando enquadrá-las em um determinado formato. Qual o sentido atribuído a essas transformações incorporadas historicamente ao MMA?

a) A modificação das regras busca associar valores lúdicos ao MMA, possibilitando a participação de diferentes populações como atividade de lazer.
b) As transformações do MMA aumentam o grau de violência das lutas, favorecendo a busca de emoções mais fortes tanto aos competidores como ao público.
c) As mudanças de regras do MMA atendem à neces sidade de tornar a modalidade menos violenta, visando sua introdução nas academias de ginástica na dimensão da saúde.
d) As modificações incorporadas ao MMA têm por finalidade aprimorar as técnicas das diferentes artes marciais, favorecendo o desenvolvimento da modalidade enquanto defesa pessoal.
e) As transformações do MMA visam delimitar a violência das lutas, preservando a integridade dos atletas e enquadrando a modalidade no formato do esporte de espetáculo.

129

Uso de suplementos alimentares por adolescentes

Evidências médicas sugerem que a suplementação alimentar pode ser benéfica para um pequeno grupo de pessoas, aí incluídos atletas competitivos, cuja dieta não seja balanceada. Tem-se observado que adolescentes envolvidos em atividade física ou atlética estão usando cada vez mais tais suplementos. A prevalência desse uso varia entre os tipos de esportes, aspectos culturais, faixas etárias (mais comum em adolescentes) e sexo (maior prevalência em homens). Poucos estudos se referem a frequência, tipo e quantidade de suplementos usados, mas parece ser comum que as doses recomendadas sejam excedidas.

A mídia é um dos importantes estímulos ao uso de suplementos alimentares ao veicular, por exemplo, o mito do corpo ideal. Em 2001, a indústria de suplementos alimentares investiu globalmente US$ 46 bilhões em propaganda, como meio de persuadir potenciais consumidores a adquirir seus produtos. Na adolescência, período de autoafirmação, muitos deles não medem esforços para atingir tal objetivo.

ALVES. C.; LIMA. R. J. Pediatr. v.85. n.º 4. 2009 (fragmento).

Sobre a associação entre a prática de atividades físicas e o uso de suplementos alimentares, o texto informa que a ingestão desses suplementos

a) é indispensável para as pessoas que fazem atividades físicas regularmente.
b) é estimulada pela indústria voltada para adolescentes que buscam um corpo ideal.
c) é indicada para atividades físicas como a musculação com fins de promoção da saúde.
d) direciona-se para adolescentes com distúrbios meta bólicos e que praticam atividades físicas.
e) melhora a saúde do indivíduo que não tem uma dieta balanceada e nem pratica atividades físicas.

130

TEXTO I

João Guedes, um dos assíduos frequentadores do boliche do capitão, mudara-se da campanha havia três anos. Três anos de pobreza na cidade bastaram para o degradar. Ao morrer, não tinha um vintém nos bolsos e fazia dois meses que saíra da cadeia, onde estivera preso por roubo de ovelha.

A história de sua desgraça se confunde com a da maioria dos que povoam a aldeia de Boa Ventura, uma cidadezinha distante, triste e precocemente envelhecida, situada nos confins da fronteira do Brasil com o Uruguai.

MARTINS. C. Porteira fechada. Porto Alegre: Movimento. 2001 (fragmento).

TEXTO II

Comecei a procurar emprego, já topando o que desse e viesse, menos complicação com os homens, mas não tava fácil. Fui na feira, fui nos bancos de sangue, fui nesses lugares que sempre dão para descolar algum, fui de porta em porta me oferecendo de faxineiro, mas tava todo mundo escabreado pedindo referências, e referências eu só tinha do diretor do presídio.

FONSECA. R. ***Feliz Ano Novo.*** *São Paulo: Cia. das Letras. 1989 (fragmento).*

A oposição entre campo e cidade esteve entre as temáticas tradicionais da literatura brasileira. Nos fragmentos dos dois autores contemporâneos, esse embate incorpora um elemento novo: a questão da violência e do desemprego.

As narrativas apresentam confluência, pois nelas o(a)

a) criminalidade é algo inerente ao ser humano, que sucumbe a suas manifestações.
b) meio urbano, especialmente o das grandes cidades, estimula uma vida mais violenta.

c) falta de oportunidades na cidade dialoga com a pobreza do campo rumo à criminalidade.

d) êxodo rural e a falta de escolaridade são causas da violência nas grandes cidades.

e) complacência das leis e a inércia das personagens são estímulos à prática criminosa.

131

IOTTI

Jornal Zero Hora, *2 mar. 2006.*

Na criação do texto, o chargista Iotti usa criativamente um intertexto: os traços reconstroem uma cena de Guernica, painel de Pablo Picasso que retrata os horrores e a destruição provocados pelo bombardeio a uma pequena cidade da Espanha. Na charge, publicada no período de carnaval, recebe destaque a figura do carro, elemento introduzido por Iotti no intertexto. Além dessa figura, a linguagem verbal contribui para estabelecer um diálogo entre a obra de Picasso e a charge, ao explorar

a) uma referência ao contexto, "trânsito no feriadão", esclarecendo-se o referente tanto do texto de Iotti quanto da obra de Picasso.

b) uma referência ao tempo presente, com o emprego da forma verbal "é", evidenciando-se a atualidade do tema abordado tanto pelo pintor espanhol quanto pelo chargista brasileiro.

c) um termo pejorativo, "trânsito", reforçando-se a imagem negativa de mundo caótico presente tanto em Guernica quanto na charge.

d) uma referência temporal, "sempre", referindo-se à permanência de tragédias retratadas tanto em Guernica quanto na charge.

e) uma expressão polissêmica, "quadro dramático", remetendo-se tanto à obra pictórica quanto ao contexto do trânsito brasileiro.

132

Tarefa

Morder o fruto amargo e não cuspir
Mas avisar aos outros quanto é amargo
Cumprir o trato injusto e não falhar
Mas avisar aos outros quanto é injusto
Sofrer o esquema falso e não ceder
Mas avisar aos outros quanto é falso
Dizer também que são coisas mutáveis ...
E quando em muitos a não pulsar
— do amargo e injusto e falso por mudar — então confiar à gente exausta o plano de um mundo novo e muito mais humano.

CAMPOS, G. ***Tarefa****. Rio de Janeiro: Civilização Brasileira, 1981.*

Na organização do poema, os empregos da conjunção "mas" articulam, para além de sua função sintática,

a) a ligação entre verbos semanticamente semelhantes.

b) a oposição entre ações aparentemente inconciliáveis.

c) a introdução do argumento mais forte de uma sequência.

d) o reforço da causa apresentada no enunciado introdutório.

e) a intensidade dos problemas sociais presentes no mundo.

Resp: **123** B **124** C **125** D **126** C **127** B

133

Linotipos

O Museu da Imprensa exibe duas linotipos. Trata-se de um tipo de máquina de composição de tipos de chumbo, inventada em 1884 em Baltimore, nos Estados Unidos, pelo alemão Ottmar Mergenthaler. O invento foi de grande importância por ter significado um novo e fundamental avanço na história das artes gráficas.

A linotipia provocou, na verdade, uma revolução porque venceu a lentidão da composição dos textos executada na tipografia tradicional, em que o texto era composto à mão, juntando tipos móveis um por um.

Constituía-se, assim, no principal meio de composição tipográfica até 1950. A linotipo, a partir do final do século XIX, passou a produzir impressos a baixo custo, o que levou informação às massas, democratizou a informação. Promoveu uma revolução na educação.

Antes da linotipo, os jornais e revistas eram escassos, com poucas páginas e caros. Os livros didáticos eram também caros, pouco acessíveis.

Disponível em: http://portal.in.gov.br.
Acesso em: 23 fev. 2013 (adaptado).

O texto apresenta um histórico da linotipo, uma máquina tipográfica inventada no século XIX e responsável pela dinamização da imprensa. Em termos sociais, a contribuição da linotipo teve impacto direto na

a) produção vagarosa de materiais didáticos.

b) composição aprimorada de tipos de chumbo.

c) montagem acelerada de textos para impressão.

d) produção acessível de materiais informacionais.

e) impressão dinamizada de imagens em revistas.

134

Cordel resiste à tecnologia gráfica

O Cariri mantém uma das mais ricas tradições da cultura popular. É a literatura de cordel, que atravessa os séculos sem ser destruída pela avalanche de modernidade que invade o sertão lírico e telúrico. Na contramão do progresso, que informatizou a indústria gráfica, a Lira Nordestina, de Juazeiro do Norte, e a Academia dos Cordelistas do Crato conservam, em suas oficinas, velhas máquinas para impressão dos seus cordéis.

A chapa para impressão do cordel é feita à mão, letra por letra, um trabalho artesanal que dura cerca de uma hora para confecção de uma página. Em seguida, a chapa é levada para a impressora, também manual, para imprimir. A manutenção desse sistema antigo de impressão faz parte da filosofia do trabalho. A outra etapa é a confecção da xilogravura para a capa do cordel.

As xilogravuras são ilustrações populares obtidas por gravuras talhadas em madeira. A origem da xilogravura nordestina até hoje é ignorada. Acredita-se que os missionários portugueses tenham ensinado sua técnica aos índios, como uma atividade extra-catequese, partindo do princípio religioso que defende a necessidade de ocupar as mãos para que a mente não fique livre, sujeita aos maus pensamentos, ao pecado. A xilogravura antecedeu ao clichê, placa fotomecanicamente gravada em relevo sobre metal, usualmente zinco, que era utilizada nos jornais impressos em rotoplanas.

VICELMO, A. Disponível em: www.onordeste.com.
Acesso em: 24 fev. 2013 (adaptado).

A estratégia gráfica constituída pela união entre as técnicas da impressão manual e da confecção da xilogravura na produção de folhetos de cordel

a) realça a importância da xilogravura sobre o clichê.

b) oportuniza a renovação dessa arte na modernidade.

c) demonstra a utilidade desses textos para a catequese.

d) revela a necessidade da busca das origens dessa literatura.

e) auxilia na manutenção da essência identitária dessa tradição popular.

135

Em bom português

No Brasil, as palavras envelhecem e caem como folhas secas. Não é somente pela gíria que a gente é apanhada (aliás, já não se usa mais a primeira pessoa, tanto do singular como do plural: tudo é "a gente"). A própria linguagem corrente vai-se renovando e a cada dia uma parte do léxico cai em desuso.

Minha amiga Lila, que vive descobrindo essas coisas, chamou minha atenção para os que falam assim:
— Assisti a uma fita de cinema com um artista que representa muito bem.

Os que acharam natural essa frase, cuidado! Não saberão dizer que viram um filme com um ator que trabalha bem. E irão ao banho de mar em vez de ir à praia, vestido de roupa de banho em vez de biquíni, carregando guarda-sol em vez de barraca. Comprarão um automóvelem vez de comprar um carro, pegarão um defluxo em vez de um resfriado, vão andar no passeio em vez de passear na calçada. Viajarão de trem de ferro e apresentarão sua esposa ou sua senhora em vez de apresentar sua mulher.

*SABINO. F. **Folha de S.Paulo**, 13 abr. 1984 (adaptado).*

A língua varia no tempo, no espaço e em diferentes classes socioculturais. O texto exemplifica essa característica da língua, evidenciando que

a) o uso de palavras novas deve ser incentivado em detrimento das antigas.

b) a utilização de inovações no léxico é percebida na comparação de gerações.

c) o emprego de palavras com sentidos diferentes caracteriza diversidade geográfica.

d) a pronúncia e o vocabulário são aspectos identificadores da classe social a que pertence o falante.

e) o modo de falar específico de pessoas de diferentes faixas etárias é frequente em todas as regiões.

136

*CLARK, L. **Bicho de bolso**. Placas de metal, 1966.*

O objeto escultórico produzido por Lygia Clark, representante do Neoconcretismo, exemplifica o início de uma vertente importante na arte contemporânea, que amplia as funções da arte. Tendo como referência a obra Bicho de bolso, identifica-se essa vertente pelo(a)

a) participação efetiva do espectador na obra, o que determina a proximidade entre arte e vida.

b) percepção do uso de objetos cotidianos para a confecção da obra de arte, aproximando arte e realidade.

c) reconhecimento do uso de técnicas artesanais na arte, o que determina a consolidação de valores culturais.

d) reflexão sobre a captação artística de imagens com meios óticos, revelando o desenvolvimento de uma linguagem própria.

e) entendimento sobre o uso de métodos de produção em série para a confecção da obra de arte, o que atualiza as linguagens artísticas.

Resp: **128** E **129** B **130** C **131** E **132** C

137

Por onde houve colonização portuguesa, a música popular se desenvolveu basicamente com o mesmo instrumental. Podemos ver cavaquinho e violão atuarem juntos aqui, em Cabo Verde, em Jacarta, na Indonésia, ou em Goa. O caráter nostálgico, sentimental, é outro ponto comum da música das colônias portuguesas em todo o mundo. O kronjong, a música típica de Jacarta, é uma espécie de lundu mais lento, tocado comumente com flauta, cavaquinho e violão. Em Goa não é muito diferente.

De acordo com o texto de Henrique Cazes, grande parte da música popular desenvolvida nos países colonizados por Portugal compartilham um instrumental, destacando-se o cavaquinho e o violão. No Brasil, são exemplos de música popular que empregam esses mesmos instrumentos:

a) Maracatu e ciranda.

b) Carimbó e baião.

c) Choro e samba.

d) Chula e siriri.

e) Xote e frevo.

138

Vida obscura

Ninguém sentiu o teu espasmo obscuro,
ó ser humilde entre os humildes seres,
embriagado, tonto de prazeres,
o mundo para ti foi negro e duro.

Atravessaste no silêncio escuro
a vida presa a trágicos deveres
e chegaste ao saber de altos saberes
tornando-te mais simples e mais puro.

Ninguém te viu o sentimento inquieto,
magoado, oculto e aterrador, secreto,
que o coração te apunhalou no mundo,

Mas eu que sempre te segui os passos
sei que cruz infernal prendeu-te os braços
e o teu suspiro como foi profundo!

*SOUSA, C. **Obra completa**.*
Rio de Janeiro: Nova Aguilar, 1961.

Com uma obra densa e expressiva no Simbolismo brasileiro, Cruz e Sousa transpôs para seu lirismo uma sensibilidade em conflito com a realidade vivenciada. No soneto, essa percepção traduz-se em

a) sofrimento tácito diante dos limites impostos pela discriminação.

b) tendência latente ao vício como resposta ao isolamento social.

c) extenuação condicionada a uma rotina de tarefas degradantes.

d) frustração amorosa canalizada para as atividades intelectuais.

e) vocação religiosa manifesta na aproximação com a fé cristã.

139

A História, mais ou menos

Negócio seguinte. Três reis magrinhos ouviram um piá de que tinha nascido um Guri. Viram o cometa no Oriente e tal e se flagraram' que o Guri tinha pintado por lá. Os profetas, que não eram de dar cascata, já tinham dicado o troço: em Belém, da Judeia, vai nascer o Salvador, e tá falado. Os três magrinhos se mandaram. Mas deram o maior fora, Em vez de irem direto para Belém, como mandava o catálogo, resolveram dar uma incerta no velho Herodes, em Jerusalém, Pra quê! Chegaram lá de boca aberta e entregaram toda a trama. Perguntaram: Onde está o rei que acaba de nascer? Vimos sua estrela no Oriente e viemos adorá-lo. Quer dizer, pegou mal. Muito mal. O velho Herodes, que era um oligão, ficou grilado. Que reiera aquele? Ele é que era o dono da praça. Mas comeu em boca e disse: Joia. Onde é que esse guri vai se apresentar?

Em que canal? Quem é o empresário? Tem baixo elétrico?

Quero saber tudo, Os magrinhos disseram que iam flagrar o Guri e na volta dicavam tudo para o coroa.

*VERISSIMO, L. F. **O nariz e outras crônicas.***
São Paulo: Ática, 1994.

Na crônica de Verissimo, a estratégia para gerar o efeito de humor decorre do(a)

a) linguagem rebuscada utilizada pelo narrador no tratamento do assunto.

b) inserção de perguntas diretas acerca do acontecimento narrado,

c) caracterização dos lugares onde se passa a história.

d) emprego de termos bíblicos de forma descontextualizada.

e) contraste entre o tema abordado e a linguagem utilizada.

140

FABIANA, arrepelando-se de raiva — Hum! Ora, eis aí está para que se casou meu filho, e trouxe a mulher para minha casa. É isto constantemente. Não sabe o senhor meu filho que quem casa quer casa ... Já não posso, não posso, não posso! (Batendo com o pé).

Um dia arrebento, e então veremos!

PENA, M. ***Quem casa quer casa****. www.dominiopublico.gov.br. Acesso em: 7 dez. 2012.*

As rubricas em itálico, como as trazidas no trecho de Martins Pena, em uma atuação teatral, constituem

a) necessidade, porque as encenações precisam ser fiéis às diretrizes do autor.

b) possibilidade, porque o texto pode ser mudado, assim como outros elementos.

c) preciosismo, porque são irrelevantes para o texto ou para a encenação.

d) exigência, porque elas determinam as características do texto teatral.

e) imposição, porque elas anulam a autonomia do diretor.

141

Psicologia de um vencido

Eu, filho do carbono e do amoníaco,
Monstro de escuridão e rutilância,
Sofro, desde a epigênesis da infância,
A influência má dos signos do zodíaco.

Profundíssimamente hipocondríaco,
Este ambiente me causa repugnância...
Sobe-me à boca uma ânsia análoga à ânsia
Que se escapa da boca de um cardíaco.

Já o verme — este operário das ruínas —
Que o sangue podre das carnificinas
Come, e à vida em geral declara guerra,

Anda a espreitar meus olhos para roê-los,
E há de deixar-me apenas os cabelos,
Na frialdade inorgânica da terra!

ANJOS. A. ***Obra completa****. Rio de Janeiro: Nova Aguilar, 1994.*

A poesia de Augusto dos Anjos revela aspectos de uma literatura de transição designada como pré-modernista. Com relação à poética e à abordagem temática presentes no soneto, identificam-se marcas dessa literatura de transição, como

a) a forma do soneto, os versos metrifica dos, a presença de rimas e o vocabulário requintado, além do ceticismo, que antecipam conceitos estéticos vigentes no Modernismo.

b) o empenho do eu lírico pelo resgate da poesia simbolista, manifesta em metáforas como "Monstro de escuridão e rutilância" e "influência má dos signos do zodíaco".

c) a seleção lexical emprestada ao cientificismo, como se lê em "carbono e amoníaco", "epigênesis da infância" e "frialdade inorgânica", que restitui a visão naturalista do homem.

d) a manutenção de elementos formais vinculados à estética do Parnasianismo e do Simbolismo, dimensionada pela inovação na expressividade poética, e o desconcerto existencial.

e) a ênfase no processo de construção de uma poesia descritiva e ao mesmo tempo filosófica, que incorpora valores morais e científicos mais tarde renovados pelos modernistas.

142

O negócio

Grande sorriso do canino de ouro, o velho Abílio propõe às donas que se abastecem de pão e banana:

— Como é o negócio?

De cada três dá certo com uma. Ela sorri, não responde ou é uma promessa a recusa:

— Deus me livre, não! Hoje não ...

Abílio interpelou a velha:

— Como é o negócio?

Ela concordou e, o que foi melhor, a filha também aceitou o trato. Com a dona Julietinha foi assim. Ele se chegou:

— Como é o negócio?

Ela sorriu, olhinho baixo. Abílio espreitou o cometa partir. Manhã cedinho saltou a cerca. Sinal combinado, duas batidas na porta da cozinha. A dona saiu para o quintal, cuidadosa de não acordar os filhos.

Ele trazia a capa de viagem, estendida na grama orvalhada.

Resp: 133 D 134 E 135 B 136 A

O vizinho espionou os dois, aprendeu o sinal. Decidiu imitar a proeza. No crepúsculo, pum-pum, duas pancadas fortes na porta. O marido em viagem, mas não era dia do Abílio. Desconfiada, a moça surgiu à janela e o vizinho repetiu:

— Como é o negócio?

Diante da recusa, ele ameaçou:

— Então você quer o velho e não quer o moço? Olhe que eu conto!

TREVISAN, D. Mistérios de Curitiba.

Rio de Janeiro: Record, 1979 (fragmento).

Quanto à abordagem do tema e aos recursos expressivos, essa crônica tem um caráter

a) filosófico, pois reflete sobre as mazelas sofridas pelos vizinhos.

b) lírico, pois relata com nostalgia o relacionamento da vizinhança.

c) irônico, pois apresenta com malícia a convivência entre vizinhos.

d) crítico, pois deprecia o que acontece nas relações de vizinhança.

e) didático, pois expõe uma conduta a ser evitada na relação entre vizinhos.

143

A última edição deste periódico apresenta mais uma vez tema relacionado ao tratamento dado ao lixo caseiro, aquele que produzimos no dia a dia. A informação agora passa pelo problema do material jogado na estrada vicinal que liga o município de Rio Claro ao distrito de Ajapi. Infelizmente, no local em questão, a reportagem encontrou mais uma forma errada de destinação do lixo: material atirado ao lado da pista como se isso fosse o ideal. Muitos moradores, por exemplo, retiram o lixo de suas residências e, em vez de um destino correto, procuram dispensá-lo em outras regiões. Uma situação no mínimo incômoda. Se você sai de casa para jogar o lixo em outra localidade, por que não o fazer no local ideal? É muita falta de educação achar que aquilo que não é correto para sua região possa ser para outra. A reciclagem do lixo doméstico é um passo inteligente e de consciência. Olha o exemplo que passamos aos mais jovens! Quem aprende errado coloca em prática o errado. Um perigo!

Disponível em: http://jornaldacidade.uol.com.br.

Acesso em: 10 ago. 2012 (adaptado).

Esse editorial faz uma leitura diferenciada de uma notícia veiculada no jornal. Tal diferença traz à tona uma das funções sociais desse gênero textual, que é

a) apresentar fatos que tenham sido noticiados pelo próprio veículo.

b) chamar a atenção do leitor para temas raramente abordados no jornal.

c) provocar a indignação dos cidadãos por força dos argumentos apresentados.

d) interpretar criticamente fatos noticiados e considerados relevantes para a opinião pública.

e) trabalhar uma informação previamente apresentada com base no ponto de vista do autor da notícia.

144

O exercício da crônica

Escrever prosa é uma arte ingrata. Eu digo prosa fiada, como faz um cronista; não a prosa de um ficcionista, na qual este é levado meio a tapas pelas personagens e situações que, azar dele, criou porque quis. Com um prosador do cotidiano, a coisa fia mais fino. Senta-se ele diante de sua máquina, olha através da janela e busca fundo em sua imaginação um fato qualquer, de preferência colhido no noticiário matutino, ou da véspera, em que, com as suas artimanhas peculiares, possa injetar um sangue novo. Se nada houver, resta-lhe o recurso de olhar em torno e esperar que, através de um processo associativo, surja-lhe de repente a crônica, provinda dos fatos e feitos de sua vida emocionalmente despertados pela concentração. Ou então, em última instância, recorrer ao assunto da falta de assunto, já bastante gasto, mas do qual, no ato de escrever, pode surgir o inesperado.

*MORAES, V. **Para viver um grande amor: crônicas e poemas.***

São Paulo: Cia. das Letras, 1991.

Predomina nesse texto a função da linguagem que se constitui

a) nas diferenças entre o cronista e o ficcionista.

b) nos elementos que servem de inspiração ao cronista.

c) nos assuntos que podem ser tratados em uma crônica.

d) no papel da vida do cronista no processo de escrita da crônica.

e) nas dificuldades de se escrever uma crônica por meio de uma crônica.

145

E se a água potável acabar? O que aconteceria se a água potável do mundo acabasse?

As teorias mais pessimistas dizem que a água potável deve acabar logo, em 2050. Nesse ano, ninguém mais tomará banho todo dia. Chuveiro com água só duas vezes por semana. Se alguém exceder 55 litros de consumo (metade do que a ONU recomenda), seu abastecimento será interrompido. Nos mercados, não haveria carne, pois, se não há água para você, imagine para o gado. Gastamse 43 mil litros de água para produzir 1 kg de carne. Mas, não é só ela que faltará. A Região Centro-Oeste do Brasil, maior produtor de grãos da América Latina em 2012, não conseguiria manter a produção. Afinal, no país, a agricultura e a agropecuária são, hoje, as maiores consumidoras de água, com mais de 70% do uso. Faltariam arroz, feijão, soja, milho e outros grãos.

Disponível em: http://super.abrilcom.br.
Acesso em: 30 jul. 2012.

A língua portuguesa dispõe de vários recursos para indicar a atitude do falante em relação ao conteúdo de seu enunciado. No início do texto, o verbo "dever" contribui para expressar

a) uma constatação sobre como as pessoas administram os recursos hídricos.

b) a habilidade das comunidades em lidar com problemas ambientais contemporâneos.

c) a capacidade humana de substituir recursos naturais renováveis.

d) uma previsão trágica a respeito das fontes de água potável.

e) uma situação ficcional com base na realidade ambiental brasileira.

146

VIVA A NOVA TV!

DIGA OLÁ PARA A TELEVISÃO DO FUTURO. ELA PERMITE ASSISTIR AO QUE VOCÊ QUER, QUANDO QUER. A SEGUNDA TELA É UM TABLET OU SMARTPHONE. E O ENGAJAMENTO NAS REDES SOCIAIS TORNA-SE MAIS IMPORTANTE DO QUE A AUDIÊNCIA. PREPARANDO PARA ESSA REVOLUÇÃO

POR PAULA ROTHMANN

Disponível em: http://info.abril.com.br.
Acesso em: 9 maio 2013 (adaptado).

O texto introduz uma reportagem a respeito do futuro da televisão, destacando que as tecnologias a ela incorporadas serão responsáveis por

a) estimular a substituição dos antigos aparelhos de TV.

b) contemplar os desejos individuais com recursos de ponta.

c) transformar a televisão no principal meio de acesso às redes sociais.

d) renovar técnicas de apresentação de programas e de captação de imagens.

e) minimizar a importância dessa ferramenta como meio de comunicação de massa.

147

Quando Deus redimiu da tirania
Da mão do Faraó endurecido
O Povo Hebreu amado, e esclarecido,
Páscoa ficou da redenção o dia.

Páscoa de flores, dia de alegria
Àquele Povo foi tão afligido
O dia, em que por Deus foi redimido;
Ergo sois vós, Senhor, Deus da Bahia.

Pois mandado pela alta Majestade
Nos remiu de tão triste cativeiro,
Nos livrou de tão vil calamidade.

Quem pode ser senão um verdadeiro
Deus, que veio estirpar desta cidade
O Faraó do povo brasileiro.

DAMASCENO. D. (Org.). ***Melhores poemas: Gregório de Matos****. São Paulo: Globo. 2006.*

Resp: 137 C 138 A 139 E 140 B 141 D

Com uma elaboração de linguagem e uma visão de mundo que apresentam princípios barrocos, o soneto de Gregório de Matos apresenta temática expressa por

a) visão cética sobre as relações sociais.

b) preocupação com a identidade brasileira.

c) crítica velada à forma de governo vigente.

d) reflexão sobre os dogmas do cristianismo.

e) questionamento das práticas pagãs na Bahia.

148

O Brasil é sertanejo

Que tipo de música simboliza o Brasil? Eis uma questão discutida há muito tempo, que desperta opiniões extremadas. Há fundamentalistas que desejam impor ao público um tipo de som nascido das raízes socioculturais do país. O samba. Outros, igualmente nacionalistas, desprezam tudo aquilo que não tem estilo. Sonham com o império da MPB de Chico Buarque e Caetano Veloso. Um terceiro grupo, formado por gente mais jovem, escuta e cultiva apenas a música internacional, em todas as vertentes. E mais ou menos ignora o resto.

A realidade dos hábitos musicais do brasileiro agora está claro, nada tem a ver com esses estereótipos. O gênero que encanta mais da metade do país é o sertanejo, seguido de longe pela MPB e pelo pagode. Outros gêneros em ascensão, sobretudo entre as classes C, D e E, são o funk e o religioso, em especial o gospel. Rock e música eletrônica são músicas de minoria.

É o que demonstra uma pesquisa pioneira feita entre agosto de 2012 e agosto de 2013 pelo Instituto Brasileiro de Opinião Pública e Estatística (Ibope). A pesquisa Tribos musicais — o comportamento dos ouvintes de rádio sob uma nova ótica faz um retrato do ouvinte brasileiro e traz algumas novidades. Para quem pensava que a MPB e o samba ainda resistiam como baluartes da nacionalidade, uma má notícia: os dois gêneros foram superados em popularidade. O Brasil moderno não tem mais o perfil sonoro dos anos 1970, que muitos gostariam que se eternizasse. A cara musical do país agora é outra.

*GIRON, L. A. **Época**, n. 805, out. 2013 (fragmento).*

O texto objetiva convencer o leitor de que a configuração da preferência musical dos brasileiros não é mais a mesma da dos anos 1970. A estratégia de argumentação para comprovar essa posição baseia-se no(a)

a) a apresentação dos resultados de uma pesquisa que retrata o quadro atual da preferência popular relativa à música brasileira.

b) caracterização das opiniões relativas a determinados gêneros, considerados os mais representativos da brasilidade, como meros estereótipos.

c) uso de estrangeirismos, como rock, funk e gospel, para compor um estilo próximo ao leitor, em sintonia com o ataque aos nacionalistas.

d) ironia com relação ao apego a opiniões superadas, tomadas como expressão de conservadorismo e anacronismo, com o uso das designações "império" e "baluarte".

e) contraposição a impressões fundadas em elitismo e preconceito, com a alusão a artistas de renome para melhor demonstrar a consolidação da mudança do gosto musical popular.

149

***Scientific American Brasil**, ano 11, n.º 134, jul. 2013 (adaptado).*

Para atingir o objetivo de recrutar talentos, esse texto publicitário

a) afirma, com a frase "Queremos seu talento exata mente como ele é", que qualquer pessoa com talento pode fazer parte da equipe.

b) apresenta como estratégia a formação de um perfil por meio de perguntas direcionadas, o que dinamiza a interação texto-leitor.

c) utiliza a descrição da empresa como argumento principal, pois atinge diretamente os interessados em informática.

d) usa estereótipo negativo de uma figura conhecida, o *nerd*, pessoa introspectiva e que gosta de informática.

e) recorre a imagens tecnológicas ligadas em rede, para simbolizar como a tecnologia é interligada.

150

Blog é concebido como um espaço onde o blogueiro é livre para expressar e discutir o que quiser na atividade da sua escrita, com a escolha de imagens e sons que compõem o todo do texto veiculado pela internet, por meio dos posts. Assim, essa ferramenta deixa de ter como única função a exposição de vida e/ou rotina de alguém — como em um diário pessoal —, função para qual serviu inicialmente e que o popularizou, permitindo também que seja um espaço para a discussão de ideias, trocas e divulgação de informações.

A produção dos blogs requer uma relação de troca, que acaba unindo pessoas em torno de um ponto de interesse comum. A força dos blogs está em possibilitar que qualquer pessoa, sem nenhum conhecimento técnico, publique suas ideias e opiniões na web e que milhões de outras pessoas publiquem comentários sobre o que foi escrito, criando um grande debate aberto a todos.

LOPES, B. O. A linguagem dos blogs e as redes sociais. Disponível em: www.fateczl.edu.br. Acesso em: 29 abro 2013 (adaptado).

De acordo com o texto, o blog ultrapassou sua função inicial e vem se destacando como

a) estratégia para estimular relações de amizade.

b) espaço para exposição de opiniões e circulação de ideias.

c) gênero discursivo substituto dos tradicionais diários pessoais.

d) ferramenta para aperfeiçoamento da comunicação virtual escrita.

e) recurso para incentivar a ajuda mútua e a divulgação da rotina diária.

151

Camelôs

Abençoado seja o camelô dos brinquedos de tostão:
O que vende balõezinhos de cor
O macaquinho que trepa no coqueiro
O cachorrinho que bate com o rabo
Os homenzinhos que jogam boxe
A perereca verde que de repente dá um pulo que engraçado
E as canetinhas-tinteiro que jamais escreverão coisa [alguma.
Alegria das calçadas
Uns falam pelos cotovelos:
— "O cavalheiro chega em casa e diz: Meu filho, vai buscar um pedaço de banana para eu acender o charuto.
Naturalmente o menino pensará: Papai está malu ..."
Outros, coitados, têm a língua atada.
Todos porém sabem mexer nos cordéis como o tino [ingênuo de demiurgos de inutilidades.
E ensinam no tumulto das ruas os mitos heroicos da [meninice ...
E dão aos homens que passam preocupados ou tristes [uma lição de infância.

*BANDEIRA, M. **Estrela da vida inteira**. Rio de Janeiro: Nova Fronteira, 2007.*

Uma das diretrizes do Modernismo foi a percepção de elementos do cotidiano como matéria de inspiração poética. O poema de Manuel Bandeira exemplifica essa tendência e alcança expressividade porque

a) realiza um inventário dos elementos lúdicos tradicionais da criança brasileira.

b) promove uma reflexão sobre a realidade de pobreza dos centros urbanos.

c) traduz em linguagem lírica o mosaico de elementos de significação corriqueira.

d) introduz a interlocução como mecanismo de construção de uma poética nova.

e) constata a condição melancólica dos homens distantes da simplicidade infantil.

Resp: **142** C **143** D **144** E **145** D **146** B

152

Talvez pareça excessivo o escrúpulo do Cotrim, a quem não souber que ele possuía um caráter ferozmente honrado. Eu mesmo fui injusto com ele durante os anos que se seguiram ao inventário de meu pai. Reconheço que era um modelo. Arguíam-no de avareza, e cuido que tinham razão; mas a avareza é apenas a exageração de uma virtude, e as virtudes devem ser como os orçamentos: melhor é o saldo que o déficit. Como era muito seco de maneiras, tinha inimigos que chegavam a acusá-lo de bárbaro. O único fato alegado neste particular era o de mandar com frequência escravos ao calabouço, donde eles desciam a escorrer sangue; mas, além de que ele só mandava os perversos e os fujões, ocorre que, tendo longamente contrabandeado em escravos, habituara-se de certo modo ao trato um pouco mais duro que esse gênero de negócio requeria, e não se pode honestamente atribuir à índole original de um homem o que é puro efeito de relações sociais. A prova de que o Cotrim tinha sentimentos pios encontrava-se no seu amor aos filhos, e na dor que padeceu quando morreu Sara, dali a alguns meses; prova irrefutável, acho eu, e não única. Era tesoureiro de uma confraria, e irmão de várias irmandades, e até irmão remido de uma destas, o que não se coaduna muito com a reputação da avareza; verdade é que o benefício não caíra no chão: a irmandade (de que ele fora juiz) mandara-lhe tirar o retrato a óleo.

ASSIS, M. ***Memórias Póstumas de Brás Cubas.***
Rio de Janeiro: Nova Aguilar, 1992.

Obra que inaugura o Realismo na literatura brasileira, *Memórias Póstumas de Brás Cubas* condensa uma expressividade que caracterizaria o estilo machadiano: a ironia.

Descrevendo a moral de seu cunhado, Cotrim, o narrador personagem Brás Cubas refina a percepção irônica ao

a) acusar o cunhado de ser avarento para confessar-se injustiçado na divisão da herança paterna.

b) atribuir a “efeito de relações sociais” a naturalidade com que Cotrim prendia e torturava os escravos.

c) considerar os “sentimentos pios” demonstrados pelo personagem quando da perda da filha Sara.

d) menosprezar Cotrim por ser tesoureiro de uma confraria e membro remido de várias irmandades.

e) insinuar que o cunhado era um homem vaidoso e egocêntrico, contemplado com um retrato a óleo.

153

TEXTO I

Ditado popular é uma frase sentenciosa, concisa, de verdade comprovada, baseada na secular experiência do povo, exposta de forma poética, contendo uma norma de conduta ou qualquer outro ensinamento.

WEITZEL, A. H. Folclore literário e linguístico.
Juiz de Fora: Esdeva, 1984 (fragmento).

TEXTO II

Rindo brincalhona, dando-lhe tapinhas nas costas, prima Constança disse isto, dorme no assunto, ouça o travesseiro, não tem melhor conselheiro.

Enquanto prima Biela dormia no assunto, toda a casa se alvoroçava.

[Prima Constança] ia rezar, pedir a Deus para iluminar prima Biela. Mas ia também tomar suas providências. Casamento e mortalha, no céu se talha. Deus escreve direito por linhas tortas. O que for soará.

Dizia os ditados todos, procurando interpretar os desígnios de Deus, transformar os seus desejos nos desígnios de Deus. Se achava um instrumento de Deus.

DOURADO, A. ***Uma vida em segredo.***
Rio de Janeiro: FranciscoAlves, 1990 (fragmento).

O uso que prima Constança faz dos ditados populares, no Texto II, constitui uma maneira de utilizar o tipo de saber definido no Texto I, porque

a) cita-os pela força do hábito.

b) aceita-os como verdade absoluta.

c) aciona-os para justificar suas ações.

d) toma-os para solucionar um problema.

e) considera-os como uma orientação divina.

154

No Brasil, a origem do funk e do hip-hop remonta aos anos 1970, quando da proliferação dos chamados “bailes black” nas periferias dos grandes centros urbanos. Embalados pela black music americana, milhares de jovens encontravam nos bailes de final de semana uma alternativa de lazer antes inexistente. Em cidades como o Rio de Janeiro ou São Paulo, formavam-se equipes de som que promoviam bailes onde foi se disseminando um estilo que buscava a valorização da cultura negra, tanto na música como nas roupas e nos penteados. No Rio de Janeiro ficou conhecido como "Black Rio". A indústria fonográfica descobriu o filão e, lançando discos de "equipe" com as músicas de sucesso nos bailes, difundia a moda pelo restante do país.

DAYRELL, J. ***A música entra em cena: o rap e o funk na socialização da juventude***. Belo Horizonte: UFMG, 2005.

A presença da cultura hip-hop no Brasil caracteriza-se como uma forma de

a) lazer gerada pela diversidade de práticas artísticas nas periferias urbanas.
b) entretenimento inventada pela indústria fonográfica nacional.
c) subversão de sua proposta original já nos primeiros bailes.
d) afirmação de identidade dos jovens que a praticam.
e) reprodução da cultura musical norte-americana.

155

A forte presença de palavras indígenas e africanas e de termos trazidos pelos imigrantes a partir do século XIX é um dos traços que distinguem o português do Brasil e o português de Portugal. Mas, olhando para a história dos empréstimos que o português brasileiro recebeu de línguas europeias a partir do século XX, outra diferença também aparece: com a vinda ao Brasil da família real portuguesa (1808) e, particularmente, com a Independência, Portugal deixou de ser o intermediário obrigatório da assimilação desses empréstimos e, assim, Brasil e Portugal começaram a divergir, não só por terem sofrido influências diferentes, mas também pela maneira como reagiram a elas.

ILARI, R.; BASSO, R. O português da gente: a língua que estudamos, a lingua que falamos. São Paulo: Contexto, 2006.

Os empréstimos linguísticos, recebidos de diversas línguas, são importantes na constituição do português do Brasil porque

a) deixaram marcas da história vivida pela nação, como a colonização e a imigração.
b) transformaram em um só idioma línguas diferentes, como as africanas, as indígenas e as europeias.
c) promoveram uma língua acessível a falantes de origens distintas, como o africano, o indígena e o europeu.
d) guardaram uma relação de identidade entre os falantes do português do Brasil e os do português de Portugal.
e) tornaram a língua do Brasil mais complexa do que as línguas de outros países que também tiveram colonização portuguesa.

156

Disponível em: www.portaldapropaganda.com.br. Acesso em: 28 jul. 2013.

Essa propaganda defende a transformação social e a diminuição da violência por meio da palavra. Isso se evidencia pela

a) predominância de tons claros na composição da peça publicitária.
b) associação entre uma arma de fogo e um megafone.
c) grafia com inicial maiúscula da palavra "voz" no slogan.
d) imagem de uma mão segurando um megafone.
e) representação gráfica da propagação do som.

Resp: **147** C **148** A **149** B **150** B **151** C

157

O correr da vida embrulha tudo. A vida é assim: esquenta e esfria, aperta e daí afrouxa, sossega e depois desinquieta. O que ela quer da gente é coragem.

ROSA. J. G. Grande sertão: veredas.
Rio de Janeiro: Nova Fronteira, 1986.

No romance Grande sertão: veredas, o protagonista Riobaldo narra sua trajetória de jagunço. A leitura do trecho permite identificar que o desabafo de Riobaldo se aproxima de um(a)

a) diário, por trazer lembranças pessoais.
b) fábula, por apresentar uma lição de moral.
c) notícia, por informar sobre um acontecimento.
d) aforismo, por expor uma máxima em poucas palavras.
e) crônica, por tratar de fatos do cotidíano.

158

Há qualquer coisa de especial nisso de botar a cara na janela em crônica de jornal — eu não fazia isso há muitos anos, enquanto me escondia em poesia e ficção.

Crônica algumas vezes também é feita, intencionalmente, para provocar. Além do mais, em certos dias mesmo o escritor mais escolado não está lá grande coisa. Tem os que mostram sua cara escrevendo para reclamar: moderna demais, antiquada demais. Alguns discorrem sobre o assunto, e é gostoso compartilhar ideias. Há os textos que parecem passar despercebidos, outros rendem um montão de recados: "Você escreveu exatamente o que eu sinto", "Isso é exatamente o que falo com meus pacientes", "É isso que digo para meus pais", "Comentei com minha namorada". Os estímulos são valiosos pra quem nesses tempos andava meio assim: é como me botarem no colo — também eu preciso. Na verdade, nunca fui tão posta no colo por leitores como na janela do jornal. De modo que está sendo ótima, essa brincadeira séria, com alguns textos que iam acabar neste livro, outros espalhados por aí. Porque eu levo a sério ser sério ... mesmo quando parece que estou brincando: essa é uma das maravilhas de escrever. Como escrevi há muitos anos e continua sendo a minha verdade: palavras são meu jeito mais secreto de calar.

LUFT, L. Pensar é transgredir. Rio de Janeiro: Record, 2004.

Os textos fazem uso constante de recursos que permitem a articulação entre suas partes. Quanto à construção do fragmento, o elemento

a) "nisso" introduz o fragmento "botar a cara na janela em crônica de jornal".
b) "assim" é uma paráfrase de "é como me botarem no colo".
c) "isso" remete a "escondia em poesia e ficção".
d) "alguns" antecipa a informação "É isso que digo para meus pais".
e) "essa" recupera a informação anterior "janela do jornal".

159

Era um dos meus primeiros dias na sala de música. A fim de descobrirmos o que deveríamos estar fazendo ali, propus à classe um problema. Inocentemente perguntei: — O que é música? Passamos dois dias inteiros tateando em busca de uma definição. Descobrimos que tínhamos de rejeitar todas as definições costumeiras porque elas não eram suficiente mente abrangentes.

O simples fato é que, à medida que a crescente margem a que chamamos de vanguarda continua suas explorações pelas fronteiras do som, qualquer definição se torna difícil. Quando John Cage abre a porta da sala de concerto e encoraja os ruídos da rua a atravessar suas composições, ele ventila a arte da música com conceitos novos e aparentemente sem forma.

SCHAFER, R. M. O ouvido pensante.
São Paulo: Unesp, 1991 (adaptado).

A frase "Quando John Cage abre a porta da sala de concerto e encoraja os ruídos da rua a atravessar suas composições", na proposta de Schafer de formular uma nova conceituação de música, representa a

a) acessibilidade à sala de concerto como metáfora, num momento em que a arte deixou de ser elitizada.
b) abertura da sala de concerto, que permitiu que a música fosse ouvida do lado de fora do teatro.
c) postura inversa à música moderna, que desejava se enquadrar em uma concepção conformista.
d) intenção do compositor de que os sons extramusicais sejam parte integrante da música.
e) necessidade do artista contemporâneo de atrair maior público para o teatro.

160

Censura moralista

Há tempos que a leitura está em pauta. E, diz-se, em crise. Comenta-se esta crise, por exemplo, apontando a precariedade das práticas de leitura, lamentando a falta de familiaridade dos jovens com livros, reclamando da falta de bibliotecas em tantos municípios, do preço dos livros em livrarias, num nunca acabar de problemas e de carências. Mas, de um tempo para cá, pesquisas acadêmicas vêm dizendo que talvez não seja exatamente assim, que brasileiros leem, sim, só que leem livros que as pesquisas tradicionais não levam em conta. E, também de um tempo para cá, políticas educacionais têm tomado a peito investir em livros e em leitura.

LAJOLO, M. Disponível em: www.estadao.com.br. Acesso em: 2 dez. 2013 (fragmento).

Os falantes, nos textos que produzem, sejam orais ou escritos, posicionam-se frente a assuntos que geram consenso ou despertam polêmica. No texto, a autora

a) ressalta a importância de os professores incentivarem os jovens às práticas de leitura.
b) critica pesquisas tradicionais que atribuem a falta de leitura à precariedade de bibliotecas.
c) rebate a ideia de que as políticas educacionais são eficazes no combate à crise de leitura.
d) questiona a existência de uma crise de leitura com base nos dados de pesquisas acadêmicas.
e) atribui a crise da leitura à falta de incentivos e ao desinteresse dos jovens por livros de qualidade.

Resp: 152 B 153 C 154 D 155 A 156 B

ENEM - 2015

161

O rap, palavra formada pelas iniciais de rhythm and poetry (ritmo e poesia), junto com as linguagens da dança (o break dancing) e das artes plásticas (o grafite), seria difundido, para além dos guetos, com o nome de cultura hip hop. O break dancing surge como uma dança de rua.

O grafite nasce de assinaturas inscritas pelos jovens com sprays nos muros, trens e estações de metrô de Nova York. As linguagens do rap, do break dancing e do grafite se tornaram os pilares da cultura hip hop.

DAYRELL, J. ***A música entra em cena:*** *o rap e o funk na socialização da juventude.* *Belo Horizonte: UFMG. 2005 (adaptado).*

Entre as manifestações da cultura hip hop apontadas no texto, o break se caracteriza como um tipo de dança que representa aspectos contemporâneos por meio de movimentos

a) retilíneos, como crítica aos indivíduos alienados.
b) improvisados, como expressão da dinâmica da vida urbana.
c) suaves, como sinônimo da rotina dos espaços públicos.
d) ritmados pela sola dos sapatos, como símbolo de protesto.
e) cadenciados, como contestação às rápidas mudanças culturais.

162

Primeiro surgiu o homem nu de cabeça baixa. Deus veio num raio. Então apareceram os bichos que comiam os homens. E se fez o fogo, as especiarias, a roupa, a espada e o dever. Em seguida se criou a filosofia, que explicava como não fazer o que não devia ser feito. Então surgiram os números racionais e a História, organizando os eventos sem sentido. A fome desde sempre, das coisas e das pessoas. Foram inventados o calmante e o estimulante. E alguém apagou a luz. E cada um se vira como pode, arrancando as cascas das feridas que alcança.

BONASSI, F. 15 cenas do descobrimento de Brasis. *In: MORICONI, Í. (Org.).* ***O cem melhores contos do século.*** *Rio de Janeiro: Objetiva, 2001.*

A narrativa enxuta e dinâmica de Fernando Bonassi configura um painel evolutivo da história da humanidade. Nele, a projeção do olhar contemporâneo manifesta uma percepção que

a) recorre à tradição bíblica como fonte de inspiração para a humanidade.
b) desconstrói o discurso da filosofia a fim de questionar o conceito de dever.
c) resgata a metodologia da história para denunciar as atitudes irracionais.
d) transita entre o humor e a ironia para celebrar o caos da vida cotidiana.
e) satiriza a matemática e a medicina para desmistificar o saber científico.

163

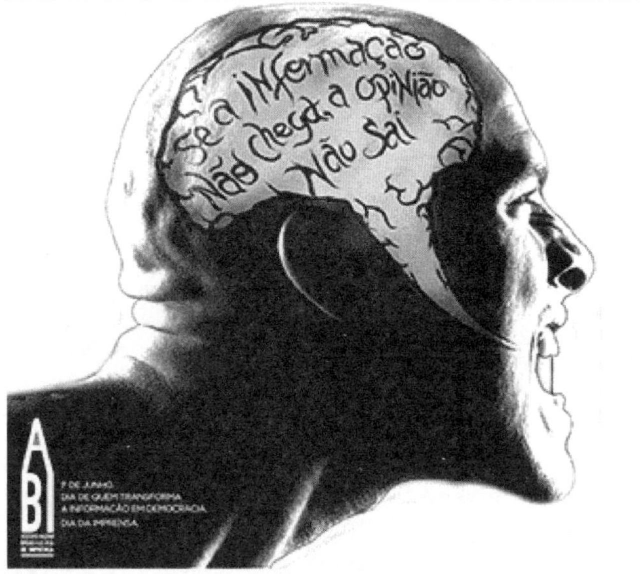

***Zero Hora**, jun. 2008 (adaptado).*

Dia do Músico, do Professor, da Secretária, do Veterinário... Muitas são as datas comemoradas ao longo do ano e elas, ao darem visibilidade a segmentos específicos da sociedade, oportunizam uma reflexão sobre a responsabilidade social desses segmentos. Nesse contexto, está inserida a propaganda da Associação Brasileira de Imprensa (ABI), em que se combinam elementos verbais e não verbais para se abordar a estreita relação entre imprensa, cidadania, informação e opinião. Sobre essa relação, depreende-se do texto da ABI que,

a) para a imprensa exercer seu papel social, ela deve transformar opinião em informação.
b) para a imprensa democratizar a opinião, ela deve selecionar a informação.
c) para o cidadão expressar sua opinião, ele deve democratizar a informação.
d) para a imprensa gerar informação, ela deve fundamentar-se em opinião.
e) para o cidadão formar sua opinião, ele deve ter acesso à informação.

164

14 coisas que você não deve jogar na privada

Nem no ralo. Elas poluem rios, lagos e mares, o que contamina o ambiente e os animais. Também deixa mais difícil obter a água que nós mesmos usaremos. Alguns produtos podem causar entupimentos:

- cotonete e fio dental;
- medicamento e preservativo;
- óleo de cozinha;
- ponta de cigarro;
- poeira de varrição de casa;
- fio de cabelo e pelo de animais;
- tinta que não seja à base de água;
- querosene, gasolina, solvente, tíner.

Jogue esses produtos no lixo comum. Alguns deles, como óleo de cozinha, medicamento e tinta, podem ser levados a pontos de coleta especiais, que darão a destinação final adequada.

*MORGADO, M.; EMASA. Manual de etiqueta. **Planeta Sustentável**, jul.-ago. 2013 (adaptado).*

O texto tem objetivo educativo. Nesse sentido, além do foco no interlocutor, que caracteriza a função conativa da linguagem, predomina também nele a função referencial, que busca

a) despertar no leitor sentimentos de amor pela natureza, induzindo-o a ter atitudes responsáveis que beneficiarão a sustentabilidade do planeta.

b) informar o leitor sobre as consequências da destinação inadequada do lixo, orientando-o sobre como fazer o correto descarte de alguns dejetos.

c) transmitir uma mensagem de caráter subjetivo, mostrando exemplos de atitudes sustentáveis do autor do texto em relação ao planeta.

d) estabelecer uma comunicação com o leitor, procurando certificar-se de que a mensagem sobre ações de sustentabilidade está sendo compreendida.

e) explorar o uso da linguagem, conceituando detalhadamente os termos utilizados de forma a proporcionar melhor compreensão do texto.

165

Embalagens usadas e resíduos devem ser descartados adequadamente

Todos os meses são recolhidas das rodovias brasileiras centenas de milhares de toneladas de lixo. Só nos 22,9 mil quilômetros das rodovias paulistas são 41,5 mil toneladas. O hábito de descartar embalagens, garrafas, papéis e bitu cas de cigarro pelas rodovias persiste e tem aumentado nos últimos anos. O problema é que o lixo acumulado na rodovia, além de prejudicar o meio ambiente, pode impedir o escoamento da água, contribuir para as enchentes, provocar incêndios, atrapalhar o trânsito e até causar acidentes. Além dos perigos que o lixo representa para os motoristas, o material descartado poderia ser devolvido para a cadeia produtiva. Ou seja, o papel que está sobrando nas rodovias poderia ter melhor destino. Isso também vale para os plásticos inservíveis, que poderiam se transformar em sacos de lixo, baldes, cabides e até acessórios para os carros.

Disponível em: www.girodasestradas.com.br. Acesso em: 31 jul. 2012.

Os gêneros textuais correspondem a certos padrões de composição de texto, determinados pelo contexto em que são produzidos, pelo público a que eles se destinam, por sua finalidade. Pela leitura do texto apresentado, reconhece-se que sua função é

a) apresentar dados estatísticos sobre a reciclagem no país.

b) alertar sobre os riscos da falta de sustentabilidade do mercado de recicláveis.

c) divulgar a quantidade de produtos reciclados retirados das rodovias brasileiras.

d) revelar os altos índices de acidentes nas rodovias brasileiras poluídas nos últimos anos.

e) conscientizar sobre a necessidade de preservação ambiental e de segurança nas rodovias.

Resp: **157** D **158** A **159** D **160** D

166

Disponível em: www.behance.net. Acesso em: 21 fev. 2013 (adaptado).

A rapidez é destacada como uma das qualidades do serviço anunciado, funcionando como estratégia de persuasão em relação ao consumidor do mercado gráfico. O recurso da linguagem verbal que contribui para esse destaque é o emprego

a) do termo "fácil" no início do anúncio, com foco no processo.
b) de adjetivos que valorizam a nitidez da impressão.
c) das formas verbais no futuro e no pretérito, em sequência.
d) da expressão intensificadora "menos do que" associada à qualidade.
e) da locução "do mundo" associada a "melhor", quequantifica a ação.

167

Riscar o chão para sair pulando é uma brincadeira que vem dos tempos do Império Romano. A amarelinha original tinha mais de cem metros e era usada como treinamento militar. As crianças romanas, então, fizeram imitações reduzidas do campo utilizado pelos soldados e acrescentaram numeração nos quadrados que deveriam ser pulados. Hoje as amarelinhas variam nos formatos geométricos e na quantidade de casas. As palavras "céu" e "inferno" podem ser escritas no começo e no final do desenho, que é marcado no chão com giz, tinta ou graveto.

Disponível em: www.biblioteca.ajes.edu.br. Acesso em: 20 maio 2015 (adaptado).

Com base em fatos históricos, o texto retrata o processo de adaptação pelo qual passou um tipo de brincadeira. Nesse sentido, conclui-se que as brincadeiras comportam o(a)

a) caráter competitivo que se assemelha às suas origens.
b) delimitação de regras que se perpetuam com o tempo.
c) definição antecipada do número de grupos partici pantes.
d) objetivo de aperfeiçoamento físico daqueles que a praticam.
e) possibilidade de reinvenção no contexto em que é realizada.

168

Em junho de 1913, embarquei para a Europa a fim de me tratar num sanatório suíço. Escolhi o de Clavadel, perto de Davos-Platz, porque a respeito dele me falara João Luso, que ali passara um inverno com a senhora. Mais tarde vim a saber que antes de existir no lugar um sanatório, lá estivera por algum tempo Antônio Nobre. "Ao cair das folhas", um de seus mais belos sonetos, talvez o meu predileto, está datado de "Clavadel, outubro, 1895". Fiquei na Suíça até outubro de 1914.

BANDEIRA, M. Poesia completa e prosa. Rio de Janeiro: Nova Aguilar, 1985.

No relato de memórias do autor, entre os recursos usados para organizar a sequência dos eventos narrados, destaca - se a

a) construção de frases curtas a fim de conferir dinamicidade ao texto.
b) presença de advérbios de lugar para indicar a progressão dos fatos.
c) alternância de tempos do pretérito para ordenar os acontecimentos.
d) inclusão de enunciados com comentários e avaliações pessoais.
e) alusão a pessoas marcantes na trajetória de vida do escritor.

169

Por que as formigas não morrem quando postas em forno de mieroondas?

As micro-ondas são ondas eletromagnéticas com frequência muito alta. Elas causam vibração nas moléculas de água, e é isso que aquece a comida. Se o prato estiver seco, sua temperatura não se altera. Da mesma maneira, se as formigas tiverem pouca água em seu corpo, podem sair incólumes. Já um ser humano não se sairia tão bem quanto esses insetos dentro de um forno de micro-ondas superdimensionado: a água que compõe 70% do seu corpo aqueceria. Micro-ondas de baixa intensidade, porém, estão por toda a parte, oriundas da telefonia celular, mas não há comprovação de que causem problemas para a população humana.

OKUNO. E. Disponível em: http://revistapesquisa.fapesp.br. Acesso em: 11 dez. 2013.

Os textos constroem-se com recursos linguísticos que materializam diferentes propósitos comunicativos. Ao responder à pergunta que dá título ao texto, o autor tem como objetivo principal

a) defender o ponto de vista de que as ondas eletro magnéticas são inofensivas.
b) divulgar resultados de recentes pesquisas científicas para a sociedade.
c) apresentar informações acerca das ondas eletromagnéticas e de seu uso.
d) alertar o leitor sobre os riscos de usar as micro-ondas em seu dia a dia.
e) apontar diferenças fisiológicas entre formigas e seres humanos.

170

Rede social pode prever desempenho profissional, diz pesquisa

Pense duas vezes antes de postar qualquer item em seu perfil nas redes sociais. O conselho, repetido à exaustão por consultores de carreira por aí, acaba de ganhar um status, digamos, mais científico. De acordo com resultados da pesquisa, uma rápida análise do perfil nas redes sociais pode prever o desempenho profissional do candidato a uma oportunidade de emprego. Para chegar a essa conclusão, uma equipe de pesquisadores da Northern Illinois University, University of Evansville e Auburn University pediu a um professor universitário e dois alunos para analisarem perfis de um grupo de universitários.

Após checar fotos, postagens, número de amigos e interesses por 10 minutos, o trio considerou itens como consciência, afabilidade, extroversão, estabilidade emocional e receptividade. Seis meses depois, as impressões do grupo foram comparadas com a análise de desempenho feita pelos chefes dos jovens que tiveram seus perfis analisados. Os pesquisadores encontraram uma forte correlação entre as características descritas a partir dos dados da rede e o comportamento dos universitários no ambiente de trabalho.

Disponível em http://exame.abril.com.br. Acesso em: 29 fev. 2012 (adaptado).

As redes sociais são espaços de comunicação e interação *on-line* que possibilitam o conhecimento de aspectos da privacidade de seus usuários. Segundo o texto, no mundo do trabalho, esse conhecimento permite

a) identificar a capacidade física atribuída ao candidato.
b) certificar a competência profissional do candidato.
c) controlar o comportamento virtual e real do candidato.
d) avaliar informações pessoais e comportamentais sobre o candidato.
e) aferir a capacidade intelectual do candidato na resolução de problemas.

171

As narrativas indígenas se sustentam e se perpetuam por uma tradição de transmissão oral (sejam as histórias verdadeiras dos seus antepassados, dos fatos e guerras recentes ou antigos; sejam as histórias de ficção, como aquelas da onça e do macaco). De fato, as comunidades indígenas nas chamadas "terras baixas da América do Sul" (o que exclui as montanhas dos Andes, por exemplo) não desenvolveram sistemas de escrita como os que conhecemos, sejam alfabéticos (como a escrita do português), sejam ideogramáticos (como a escrita dos chineses) ou outros. Somente nas sociedades indígenas com estratificação social (ou seja, já divididas em classes), como foram os astecas e os maias, é que surgiu algum tipo de escrita. A histó-

Resp: **161** B **162** D **163** E **164** B **165** E

ria da escrita parece mesmo mostrar claramente isso: que ela surge e se desenvolve – em qualquer das formas – apenas em sociedades estratificadas (sumérios, egípcios, chineses, gregos etc.). O fato é que os povos indígenas no Brasil, por exemplo, não empregavam um sistema de escrita, mas garantiram a conservação e continuidade dos conhecimentos acumulados, das histórias passadas e, também, das narrativas que sua tradição criou, através da transmissão oral. Todas as tecnologias indígenas se transmitiram e se desenvolveram assim. E não foram poucas: por exemplo, foram os índios que domesticaram plantas silvestres e, muitas vezes, venenosas, criando o milho, a mandioca (ou macaxeira), o amendoim, as morangas e muitas outras mais (e também as desenvolveram muito; por exemplo, somente do milho criaram cerca de 250 variedades diferentes em toda a América).

*D'ANGELIS, W. R. **Histórias dos índios lá em casa**: narrativas indígenas e tradição oral popular no Brasil. Disponível em: www.portalkaingang.org. Acesso em: 5 dez. 2012.*

A escrita e a oralidade, nas diversas culturas, cumprem diferentes objetivos. O fragmento aponta que, nas sociedades indígenas brasileiras, a oralidade possibilitou

a) a conservação e a valorização dos grupos detentores de certos saberes.
b) a preservação e a transmissão dos saberes e da memória cultural dos povos.
c) a manutenção e a reprodução dos modelos estratificados de organização social.
d) a restrição e a limitação do conhecimento acumulado a determinadas comunidades.
e) o reconhecimento e a legitimação da importância da fala como meio de comunicação.

172

Assum preto

Tudo em vorta é só beleza
Sol de abril e a mata em frô
Mas assum preto, cego dos óio
Num vendo a luz, ai, canta de dor

Tarvez por ignorança
Ou mardade das pió
Furaro os óio do assum preto
Pra ele assim, ai, cantá mió

Assum preto veve sorto
Mas num pode avuá
Mil veiz a sina de uma gaiola
Desde que o céu, ai, pudesse oiá

GONZAGA, L.; TEIXEIRA, H. Disponível em: www.luizgonzaga.mus.br. Acesso em: 30 jul. 2012 (fragmento).

As marcas da variedade regional registradas pelos compositores de Assum preto resultam da aplicação de um conjunto de princípios ou regras gerais que alteram a pronúncia, a morfologia, a sintaxe ou o léxico. No texto, é resultado de uma mesma regra a

a) pronúncia das palavras "vorta" e "veve".
b) pronúncia das palavras "tarvez" e "sorto".
c) flexão verbal encontrada em "furaro" e "cantá".
d) redundância nas expressões "cego dos óio" e "mata em frô".
e) pronúncia das palavras "ignorança" e "avuá".

173

Exmº Sr. Governador:

Trago a V. Exa. um resumo dos trabalhos realizados pela Prefeitura de Palmeira dos Índios em 1928.

[...]

ADMINISTRAÇÃO

Relativamente à quantia orçada, os telegramas custaram pouco. De ordinário vai para eles dinheiro considerável. Não há vereda aberta pelos matutos que prefeitura do interior não ponha no arame. proclamando que a coisa foi feita por ela; comunicam-se as datas históricas ao Governo do Estado, que não precisa disso; todos os acontecimentos políticos são badalados. Porque se derrubou a Bastilha – um telegrama; porque se deitou pedra na rua – um telegrama; porque o deputado F. esticou a canela – um telegrama.

Palmeira dos Índios, 10 de janeiro de 1929.

GRACILIANO RAMOS

*RAMOS, G. **Viventes das Alagoas**. São Paulo: Martins Fontes, 1962.*

O relatório traz a assinatura de Graciliano Ramos, na época, prefeito de Palmeira dos Índios, e é destinado ao governo do estado de Alagoas. De natureza oficial, o texto chama a atenção por contrariar a norma prevista para esse gênero, pois o autor

a) emprega sinais de pontuação em excesso.
b) recorre a termos e expressões em desuso no português.
c) apresenta-se na primeira pessoa do singular, para conotar intimidade com o destinatário.
d) privilegia o uso de termos técnicos, para demonstrar conhecimento especializado.
e) expressa-se em linguagem mais subjetiva, com forte carga emocional.

174

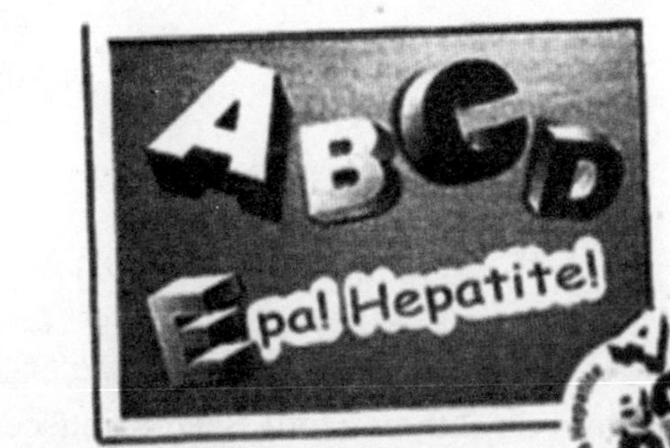

Pode aparecer onde menos se espera em cinco formas diferentes.

É por isso que o Dia Mundial Contra a Hepatite está ai para alertar você.

As hepatites A, B, C, D e E tem diversas causas e muitas formas de chegar até você.

Mas, evitar isso é bem simples. Você, só precisa ficar atento aos cuidados necessários para cuidar do maior bem que você tem:

A SUA SAÚDE!

Algumas maneiras de se prevenir:

• Vacine-se contra as hepatites A e B.

• Use água tratada e siga sempre as recomendações quanto à restrição de banhos em locais públicos e ao uso de desinfetantes em piscinas.

• Lave SEMPRE bem os alimentos como frutas, verduras e legume.

• Lave SEMPRE bem as mãos após usar o toalete e antes de se alimentar.

• Ao usar agulhas e seringas, certifique-se da higiene do local e de todos os acessórios.

• Certifique-se de que seu médico ou profissional da saúde esteja usando a proteção necessária, como luvas e máscaras, quando houver a possibilidade de contato de sangue ou secreções contaminadas com o vírus.

Disponível em: http://farm5.static.flickr.com. Acesso em: 26 out. 2011 (adaptado).

Nas peças publicitárias, vários recursos verbais e não verbais são usados com o objetivo de atingir o público alvo, influenciando seu comportamento. Considerando as informações verbais e não verbais trazidas no texto a respeito da hepatite, verifica-se que

a) o tom lúdico é empregado como recurso de consolidação do pacto de confiança entre o médico e a população.
b) a figura do profissional da saúde é legitimada, evocando-se o discurso autorizado como estratégia argumentativa.
c) o uso de construções coloquiais e específicas da oralidade são recursos de argumentação que simulam o discurso do médico.
d) a empresa anunciada deixa de se autopromover ao mostrar preocupação social e assumir a responsabilidade pelas informações.
e) o discurso evidencia uma cena de ensinamento didático, projetado com subjetividade no trecho sobre as maneiras de prevenção.

175

Casa dos Contos

& em cada conto te cont
o & em cada enquanto me enca
nto & em cada arco te a
barco & em cada porta m
e perco & em cada lanço t
e alcanço & em cada escad
a me escapo & em cada pe
dra te prendo & em cada g
rade me escravo & em ca
da sótão te sonho & em cada

Resp: **166** C **167** E **168** C **169** C **170** D

esconso me affonso & em
cada claúdio te canto & e
m cada fosso me enforco &

ÁVILA, A. ***Discurso da difamação do poeta.*** *São Paulo: Summus, 1978.*

O contexto histórico e literário do período barroco-árcade fundamenta o poema Casa dos Contos, de 1975. A restauração de elementos daquele contexto por uma poética contemporânea revela que

a) a disposição visual do poema reflete sua dimensão plástica, que prevalece sobre a observação da realidade social.
b) a reflexão do eu lírico privilegia a memória e resgata, em fragmentos, fatos e personalidades da Inconfidência Mineira.
c) a palavra "esconso" (escondido) demonstra o desencanto do poeta com a utopia e sua opção por uma linguagem erudita.
d) o eu lírico pretende revitalizar os contrastes barocos, gerando uma continuidade de procedimentos estéticos e literários.
e) o eu lirico recria, em seu momento histórico, numa linguagem de ruptura, o ambiente de opressão vivido pelos inconfidentes.

176

Um dia, meu pai tomou-me pela mão, minha mãe beijou-me a testa, molhando-me de lágrimas os cabelos e eu parti.

Duas vezes fora visitar o Ateneu antes da minha instalação.

Ateneu era o grande colégio da época. Afamado por um sistema de nutrido reclame, mantido por um diretor que de tempos a tempos reformava o estabelecimento, pintando-o jeitosamente de novidade, como os negociantes que liquidam para recomeçar com artigos de última remessa; o Ateneu desde muito tinha consolidado crédito na preferência dos pais, sem levar em conta a simpatia da meninada, a cercar de aclamações o bombo vistoso dos anúncios.

O Dr. Aristarco Argolo de Ramos, da conhecida família do Visconde de Ramos, do Norte, enchia o império com o seu renome de pedagogo. Eram boletins de propaganda pelas províncias, conferências em diversos pontos da cidade, a pedidos, à substância, atochando a imprensa dos lugarejos, caixões, sobretudo, de livros elementares, fabricados às pressas com o ofegante e esbaforido concurso de professores prudentemente anônimos, caixões e mais caixões de volumes cartonados em Leipzig, inundando as escolas públicas de toda a parte com a sua invasão de capas azuis, róseas, amarelas, em que o nome de Aristarco, inteiro e sonoro, oferecia-se ao pasmo venerador dos esfaimados de alfabeto dos confins da pátria. Os lugares que os não procuravam eram um belo dia surpreendidos pela enchente, gratuita, espontânea, irresistível! E não havia senão aceitar a farinha daquela marca para o pão do espírito.

POMPEIA, R. O Ateneu. São Paulo: Scipione, 2005.

Ao descrever o Ateneu e as atitudes de seu diretor, o narrador revela um olhar sobre a inserção social do colégio demarcado pela

a) ideologia mercantil da educação, repercutida nas vaidades pessoais.
b) interferência afetiva das famílias, deterrninantes no processo educacional.
c) produção pioneira de material didático, responsável pela facilitação do ensino.
d) ampliação do acesso à educação, com a negociação dos custos escolares.
e) cumplicidade entre educadores e famílias, unidos pelo interesse comum do avanço social.

177

João Antônio de Barros (Jota Barros) nasceu aos 24 de junho de 1935, em Glória de Goitá (PE). Marceneiro, entalhador, xilógrafo, poeta repentista e escritor de literatura de cordel, já publicou 33 folhetos e ainda tem vários inéditos. Reside em São Paulo desde 1973, vivendo exclusivamente da venda de livretos de cordel e das cantigas de improviso, ao som da viola. Grande divulgador da poesia popular nordestina no Sul, tem dado frequentemente entrevistas à imprensa paulista sobre o assunto.

EVARISTO. M. C. O cordel em sala de aula. In: BRANDÃO. H. N. (Coord.). Gêneros do discurso na escola: mito, conto, cordel, discurso político, divulgação científica. São Paulo: Cortez, 2000.

A biografia é um gênero textual que descreve a trajetória de determinado indivíduo, evidenciando sua singularidade. No caso específico de uma biografia como a de João Antônio de Barros, um dos principais elementos que a constitui é

a) a estilização dos eventos reais de sua vida, para que o relato biográfico surta os efeitos desejados.

b) o relato de eventos de sua vida em perspectiva histórica, que valorize seu percurso artístico.
c) a narração de eventos de sua vida que demonstrem a qualidade de sua obra.
d) uma retórica que enfatize alguns eventos da vida exemplar da pessoa biografada.
e) uma exposição de eventos de sua vida que mescle objetividade e construção ficcional.

178

A pátria

Ama, com fé e orgulho, a terra em que nasceste!
Criança! não verás nenhum pais como este!
Olha que céu! que mar! que rios! que floresta!
A Natureza, aqui, perpetuamente em festa,
É um seio de mãe a transbordar carinhos.
Vê que vida há no chão! vê que vida há nos ninhos,
Que se balançam no ar, entre os ramos inquietos!
Vê que luz, que calor, que multidão de insetos!
Vê que grande extensão de matas, onde impera,
Fecunda e luminosa, a eterna primavera!
Boa terra! jamais negou a quem trabalha
O pão que mata a fome, o teto que agasalha...
Quem com o seu suor a fecunda e umedece,
Vê pago o seu esforço, e é feliz, e enriquece!

Criança! não verás pais nenhum como este:
Imita na grandeza a terra em que nasceste!

*BILAC, **O. Poesias infantis**. Rio de Janeiro: Francisco Alves, 1929.*

Publicado em 1904, o poema *A pátria* harmoniza-se com um projeto ideológico em construção na Primeira República. O discurso poético de Olavo Bilac ecoa esse projeto, na medida em que

a) a paisagem natural ganha contornos surreais, como o projeto brasileiro de grandeza.
b) a prosperidade individual, como a exuberância da terra, independe de políticas de governo.
c) os valores afetivos atribuídos à família devem ser aplicados também aos ícones nacionais.
d) a capacidade produtiva da terra garante ao país a riqueza que se verifica naquele momento.
e) a valorização do trabalhador passa a integrar o conceito de bem-estar social experimentado.

179

*MAGRITTE, R. **A reprodução proibida**. Óleo sobre tela, 81,3 x 65 cm. Museum Boijmans Van Buningen, Holanda, 1937.*

O Surrealismo configurou-se como uma das vanguardas artísticas europeias do início do século XX. René Magritte, pintor belga, apresenta elementos dessa vanguarda em suas produções. Um traço do Surrealismo presente nessa pintura é o(a)

a) justaposição de elementos díspares, observada na imagem do homem no espelho.
b) crítica ao passadismo, exposta na dupla imagem do homem olhando sempre para frente.
c) construção de perspectiva, apresentada na sobreposição de planos visuais.
d) processo de automatismo, indicado na repetição da imagem do homem.
e) procedimento de colagem, identificado no reflexo do livro no espelho.

180

Yaô

Aqui có no terreiro
Pelú adié
Faz inveja pra gente
Que não tem mulher

No jacutá de preto velho
Há uma festa de yaô

Resp: **171** B **172** B **173** E **174** B

Ôi tem nêga de Ogum
De Oxalá, de Iemanjá

Mucama de Oxossi é caçador
Ora viva Nanã
Nanã Buruku

Yô yôo
Yô yôoo

No terreiro de preto velho iaiá
Vamos saravá (a quem meu pai?)
Xangô!

*VIANA, G. **Agó, Pixinguinha!** 100 Anos. Som Livre, 1997.*

A canção Yaô foi composta na década de 1930 por Pixinguinha, em parceria com Gastão Viana, que escreveu a letra. O texto mistura o português com o iorubá, língua usada por africanos escravizados trazidos para o Brasil. Ao fazer uso do iorubá nessa composição, o autor

a) promove uma crítica bem-humorada às religiões afrobrasileiras, destacando diversos orixás.
b) ressalta uma mostra da marca da cultura africana, que se mantém viva na produção musical brasileira.
c) evidencia a superioridade da cultura africana e seu caráter de resistência à dominação do branco.
d) deixa à mostra a separação racial e cultural que caracteriza a constituição do povo brasileiro.
e) expressa os rituais africanos com maior autenticidade, respeitando as referências originais.

181

Máscara senufo, Mati. Madeira e fibra vegetal.
Acervo do MAE/USP.

As formas plásticas nas produções africanas conduziram artistas modernos do início do século XX, como Pablo Picasso, a algumas proposições artísticas denominadas vanguardas. A máscara remete à

a) preservação da proporção.
b) idealização do movimento.
c) estruturação assimétrica.
d) sintetização das formas.
e) valorização estética.

182

Ao se apossarem do novo território, os europeus ignoraram um universo de antiga sabedoria, povoado por homens e bens unidos por um sistema integrado. A recusa em se inteirar dos valores culturais dos primeiros habitantes levou-os a uma descrição simplista desses grupos e à sua sucessiva destruição.

Na verdade, não existe uma distinção entre a nossa arte e aquela produzida por povos tecnicamente menos desenvolvidos. As duas manifestações devem ser encaradas como expressões diferentes dos modos de sentir e pensar das várias sociedades, mas também como equivalentes, por resultarem de impulsos humanos comuns.

*SCATAMACHIA, M. C. M. In: AGUILAR, N. (Org.). Mostra do **redescobrimento**: arqueologia. São Paulo: Fundação Bienal de São Paulo – Associação Brasil 500 anos artes visuais, 2000.*

De acordo com o texto, inexiste distinção entre as artes produzidas pelos colonizadores e pelos colonizados, pois ambas compartilham o(a)

a) suporte artístico.
b) nível tecnológico.
c) base antropológica.
d) concepção estética.
e) referencial temático.

183

Na exposição "A Artista Está Presente", no MoMA, em Nova Iorque, a performer Marina Abramovic fez uma retrospectiva de sua carreira. No meio desta, protagonizou uma performance marcante. Em 2010, de 14 de março a 31 de maio, seis dias por semana, num total de 736 horas, ela repetia a mesma postura. Sentada numa sala, recebia os visitantes, um a um, e trocava com cada um deles um longo olhar sem palavras. Ao redor, o público assistia a essas cenas recorrentes.

ZANIN, L. Marina Abramovic, ou a força do olhar. Disponível em: http://blogs.estadao.com.br. Acesso em: 4 nov. 2013.

O texto apresenta uma obra da artista Marina Abramovic, cuja performance se alinha a tendências contemporâneas e se caracteriza pela

a) inovação de uma proposta de arte relacional que adentra um museu.
b) abordagem educacional estabelecida na relação da artista com o público.
c) redistribuição do espaço do museu, que integra diversas linguagens artisticas.
d) negociação colaborativa de sentidos entre a artista e a pessoa com quem interage.
e) aproximação entre artista e público, o que rompe com a elitização dessa forma de arte.

184

TEXTO I

Um ato de criatividade pode contudo gerar um modelo produtivo. Foi o que ocorreu com a palavra sambódromo, criativamente formada com a terminação -(ó)dromo (= corrida), que figura em hipódromo, autódromo, cartódromo, formas que designam itens culturais da alta burguesia. Não demoraram a circular, a partir de então, formas populares como rangódromo, beijódromo, camelódromo.

AZEREDO, J. C. Gramática Houaiss da língua portuguesa. São Paulo: Publifolha, 2008.

TEXTO II

Existe coisa mais descabida do que chamar de sambódromo uma passarela para desfile de escolas de samba? Em grego, -dromo quer dizer "ação de correr, lugar de corrida", dai as palavras autódromo e hipódromo.

É certo que, às vezes, durante o desfile, a escola se atrasa e é obrigada a correr para não perder pontos, mas não se desloca com a velocidade de um cavalo ou de um carro de Fórmula 1.

GULLAR. F. Disponível em: www1.folha.uol.com.br. Acesso em: 3 ago, 2012.

Há nas línguas mecanismos geradores de palavras. Embora o Texto II apresente um julgamento de valor sobre a formação da palavra sambódromo, o processo de formação dessa palavra reflete

a) o dinamismo da língua na criação de novas palavras.
b) uma nova realidade limitando o aparecimento de novas palavras.
c) a apropriação inadequada de mecanismos de criação de palavras por leigos.
d) o reconhecimento da impropriedade semântica dos neologismos.
e) a restrição na produção de novas palavras com o radical grego.

Resp: 175 E 176 A 177 B 178 B 179 A

185

da sua memória

mil
e
mui
tos
out
ros
ros
tos
sol
tos
pou
coa
pou
coa
pag
amo
meu

ANTUNES, A. ***2 ou + corpos no mesmo espaço.*** *São Paulo: Perspectiva, 1998.*

Trabalhando com recursos formais inspirados no Concretismo, o poema atinge uma expressividade que se caracteriza pela

a) interrupção da fluência verbal, para testar os limites da lógica racional.
b) reestruturação formal da palavra. para provocar o estranhamento no leitor.
c) dispersão das unidades verbais, para questionar o sentido das lembranças.
d) fragmentação da palavra, para representar o estreitamento das lembranças.
e) renovação das formas tradicionais, para propor uma nova vanguarda poética.

186

A emergência da sociedade da informação está associada a um conjunto de profundas transformações ocorridas desde as últimas duas décadas do século XX.Tais mudanças ocorrem em dimensões distintas da vida humana em sociedade, as quais interagem de maneira sinérgica e confluem para projetar a informação e o conhecimento como elementos estratégicos, dos pontos de vista econômico-produtivo, político e sociocultural.

A sociedade da informação caracteriza-se pela crescente utilização de técnicas de transmissão, armazenamento de dados e informações a baixo custo, acompanhadas por inovações organizacionais. sociais e legais. Ainda que tenha surgido motivada por um conjunto de transfor mações na base técnico-científica, ela se investe de um significado bem mais abrangente.

LEGEY, L.·R; ALBAGLI, 5. Disponível em: wwwdgz.org.br. Acesso em: 4 dez. 2012 (adaptado).

O mundo contemporâneo tem sido caracterizado pela crescente utilização das novas tecnologias e pelo acesso à informação cada vez mais facilitado. De acordo com o texto, a sociedade da informação corresponde a uma mudança na organização social porque

a) representa uma alternativa para a melhoria da qualidade de vida.
b) associa informações obtidas instantaneamente por todos e em qualquer parte do mundo.
c) propõe uma comunicação mais rápida e barata, contribuindo para a intensificação do comércio.
d) propicia a interação entre as pessoas por meio de redes sociais.
e) representa um modelo em que a informação é utilizada intensamente nos vários setores da vida.

187

Embora particularidades na produção mediada pela tecnologia aproximem a escrita da oralidade, isso não significa que as pessoas estejam escrevendo errado.

Muitos buscam, tão somente, adaptar o uso da linguagem ao suporte utilizado: "O contexto é que define o registro de língua. Se existe um limite de espaço, naturalmente, o sujeito irá usar mais abreviaturas, como faria no papel", afirma um professor do Departamento de Linguagem e Tecnologia do Cefet-MG. Da mesma forma, é preciso considerar a capacidade do destinatário de interpretar corretamente a mensagem emitida. No entendimento do pesquisador, a escola, às vezes, insiste em ensinar um registro utilizado apenas em contextos específicos, o que acaba por desestimular o aluno, que não vê sentido em empregar tal modelo em outras situações. Independentemente dos aparatos tecnológicos da atualidade, o emprego social da língua revela-se muito mais significativo do que seu uso escolar, conforme ressalta a diretora de Divulgação Científica da UFMG: "A dinâmica da língua oral é sempre presente. Não falamos ou escrevemos da mesma forma que nossos avós". Some-se a isso o fato de os jovens se revelarem os principais usuários das novas tecnologias, por meio das quais conseguem se comunicar com facilidade. A professora ressalta, porém, que as pessoas precisam ter discernimento quanto às distintas situações, a fim de dominar outros códigos.

SILVA JR.: M. G.; FONSECA. V. Revista Minas Faz Ciência, n. 51, set.-nov. 2012 (adaptado).

Na esteira do desenvolvimento das tecnologias de informação e de comunicação, usos particulares da escrita foram surgindo. Diante dessa nova realidade, segundo o texto, cabe à escola levar o aluno a

a) interagir por meio da linguagem formal no contexto digital.

b) buscar alternativas para estabelecer melhores contatos on-line.

c) adotar o uso de uma mesma norma nos diferentes suportes tecnológicos.

d) desenvolver habilidades para compreender os textos postados na *web*.

e) perceber as especificidades das linguagens em diferentes ambientes digitais.

188

À garrafa

Contigo adquiro a astúcia
de conter e de conter-me.
Teu estreito gargalo
é uma lição de angústia.
Por translúcida pões
o dentro fora e o fora dentro
para que a forma se cumpra
e o espaço ressoe.
Até que, farta da constante
prisão da forma, saltes
da mão para o chão
e te estilhaces, suicida.
numa explosão
de diamantes.

*PAES. J. P. **Prosas seguidas do odes mínimos**. São Pauto: Cia. das Letras, 1992.*

A reflexão acerca do fazer poético é um dos mais marcantes atributos da produção literária contemporânea, que, no poema de José Paulo Paes, se expressa por um(a)

a) reconhecimento, pelo eu lírico, de suas limitações no processo criativo, manifesto na expressão "Por translúcida pões".

b) subserviência aos princípios do rigor formal e dos cuidados com a precisão metafórica, como se observa em "prisão da forma".

c) visão progressivamente pessimista, em face da impossibilidade da criação poética, conforme expressa o verso "e te estilhaces, suicida".

d) processo de contenção, amadurecimento e transformação da palavra, representado pelos versos "numa explosão / de diamantes".

e) necessidade premente de libertação da prisão representa da pela poesia, simbolicamente comparada à "garrafa" a ser "estilhaçada".

189

Palavras jogadas fora

Quando criança, convivia no interior de São Paulo com o curioso verbo pinchar e ainda o ouço por lá esporadicamente. O sentido da palavra é o de "jogar fora" (pincha fora essa porcaria) ou "mandar embora" (pincha esse fulano daqui). Teria sido uma das muitas palavras que ouvi menos na capital do estado e, por conseguinte, deixei de usar. Quando indago às pessoas se conhecem esse verbo, comumente escuto respostas como "minha avó fala isso". Aparentemente, para muitos falantes, esse verbo é algo do passado. que deixará de existir tão logo essa geração antiga morrer.

As palavras são, em sua grande maioria, resultados de uma tradição: elas já estavam lá antes de nascermos. "Tradição", etimologicamente, é o ato de entregar, de

passar adiante, de transmitir (sobretudo valores culturais). O rompimento da tradição de uma palavra equivale à sua extinção. A gramática normativa mui-

Resp: **180** B **181** D **182** C **183** D **184** A

tas vezes colabora criando preconceitos, mas o fator mais forte que motiva os falantes a extinguirem uma palavra é associar a palavra, influenciados direta ou indiretamente pela visão nor mativa, a um grupo que julga não ser o seu. O pinchar, associado ao ambiente rural, onde há pouca escolaridade e refinamento citadino, está fadado à extinção?

É louvável que nos preocupemos com a extinção de ararinhas-azuis ou dos micos-leão-dourados, mas a extinção de uma palavra não promove nenhuma comoção, como não nos comovemos com a extinção de insetos, a não ser dos extraordinariamente belos. Pelo contrário, muitas vezes a extinção das palavras é incentivada.

VIARO, M. E. ***Língua Portuguesa****. n. 77, mar. 2012 (adaptado).*

A discussão empreendida sobre o (des)uso do verbo "pinchar" nos traz uma reflexão sobre a linguagem e seus usos, a partir da qual compreende-se que

a) as palavras esquecidas pelos falantes devem ser descartadas dos dicionários, conforme sugere o título.
b) o cuidado com espécies animais em extinção é mais urgente do que a preservação de palavras.
c) o abandono de determinados vocábulos está associado a preconceitos socioculturais.
d) as gerações têm a tradição de perpetuar o inventário de uma língua.
e) o mundo contemporâneo exige a inovação do vocabulário das línguas.

190

Poesia quentinha

Projeto literário publica poemas em

sacos de pão na capital mineira

Se a literatura é mesmo o alimento da alma, então os mineiros estão diante de um verdadeiro banquete. Mais do que um pãozinho com manteiga, os moradores do bairro de Barreiro, em Belo Horizonte (MG), estão consumindo poesia brasileira no café da manhã. Graças ao projeto "Pão e Poesia", que faz do saquinho de pão um espaço para veiculação de poemas, escritores como Affonso Romano de Sant'Anna e Fernando Brant dividem espaço com estudantes que passaram por oficinas de escrita poética. São ao todo 250 mil embalagens, distribuídas em padarias da região de Belo Horizonte, que trazem a boa literatura para o cotidiano de pessoas, além de dar uma chance a escritores novatos de verem seus textos impressos. Criado em 2008 por um analista de sistemas apaixonado por literatura, o "Pão e Poesia" já recebeu dois prêmios do Ministério da Cultura.

Língua Portuguesa, n. 71, set. 2011.

A proposta de um projeto como o "Pão e Poesia" objetiva inovar em sua área de atuação, pois

a) privilegia novos escritores em detrimento daqueles já consagrados.
b) resgata poetas que haviam perdido espaços de publicação impressa.
c) prescinde de critérios de seleção em prol da popularização da literatura.
d) propõe acesso à literatura a públicos diversos.
e) alavanca projetos de premiações antes esquecidos.

191

No ano de 1985 aconteceu um acidente muito grave em Angra dos Reis, no Rio de Janeiro, perto da aldeia guarani de Sapukai. Choveu muito e as águas pluviais provocaram deslizamentos de terras das encostas da Serra do Mar, destruindo o Laboratório de Radioecologia da Central Nuclear Almirante Álvaro Alberto, construída em 1970 num lugar que os índios tupinambás, há mais de 500 anos, chamavam de Itaorna. O prejuízo foi calculado na época em 8 bilhões de cruzeiros. Os engenheiros responsáveis pela construção da usina nuclear não sabiam que o nome dado pelos índios continha informação sobre a estrutura do solo, minado pelas águas da chuva. Só descobriram que Itaorna, em língua tupinambá, quer dizer 'pedra podre', depois do acidente.

FREIRE. J. R. B. Disponível em: www.taquiprati.com.br. Acesso em: 1 ago. 2012 (adaptado).

Considerando-se a história da ocupação na região de Angra dos Reis mencionada no texto, os fenômenos naturais que a atingiram poderiam ter sido previstos e suas consequências minimizadas se

a) o acervo linguístíco indigena fosse conhecido e valorizado.

b) as línguas indígenas brasileiras tivessem sido substituídas pela língua geral.

c) o conhecimento acadêmico tivesse sido priorizado pelos engenheiros.

d) a língua tupinambá tivesse palavras adequadas para descrever o solo.

e) o laboratório tivesse sido construído de acordo com as leis ambientais vigentes na época.

192

Azeite de oliva e óleo de linhaça: uma dupla imbatível

Rico em gorduras do bem, ela combate a obesidade, dá um chega pra lá no diabete e ainda livra o coração de entraves

Ninguém precisa esquentar a cabeça caso não seja possível usar os dois óleos juntinhos, no mesmo dia. Individualmente, o duo também bate um bolão. Segundo um estudo recente do grupo EurOlive, formado por instituições de cinco países europeus, os polifenóis do azeite de oliva ajudam a frear a oxidação do colesterol LDL, considerado perigoso. Quando isso ocorre, reduz-se o risco de placas de gordura na parede dos vasos, a temida aterosclerose – doença por trás de encrencas como o infarto.

MANARINI, T. ***Saúde é vital.*** *n. 347, fev. 2012 (adaptado).*

Para divulgar conhecimento de natureza científica para um público não especializado, Manarini recorre à associação entre vocabulário formal e vocabulário infor mal. Altera-se grau de formalidade do seg mento no texto, sem alterar sentido da informação, com a substituição

de

a) "dá um chega pra lá no diabete" por "manda embora o diabete".

b) "esquentar a cabeça" por "quebrar a cabeça".

c) "bate um bolão" por "é um show".

d) "juntinhos" por "misturadinhos".

e) "por trás de encrencas" por "causadora de problemas".

193

Obesidade causa doença

A obesidade tornou-se uma epidemia global, segundo a Organização Mundial da Saúde, ligada à Organização das Nações Unidas. O problema vem atingindo um número cada vez maior de pessoas em todo o mundo, e entre as principais causas desse crescimento estão o modo de vida sedentário e a má alimentação.

Segundo um médico especialista em cirurgia de redução de estômago, a taxa de mortalidade entre homens obesos de 25 a 40 anos é 12 vezes maior quando comparada à taxa de mortalidade entre indivíduos de peso normal. O excesso de peso e de gordura no corpo desenca deia e piora problemas de saúde que poderiam ser evitados. Em alguns casos, a boa notícia é que a perda de peso leva à cura, como no caso da asma, mas em outros, como o infarto, não há solução.

FERREIRA, T. Disponível em: http://revistaépoca.globo .com. Acesso em: 2 ago. 2012 (adaptado).

O texto apresenta uma reflexão sobre saúde e aponta o excesso de peso e de gordura corporal dos indivíduos como um problema, relacionando-o ao

a) padrão estético, pois o modelo de beleza dominante na sociedade requer corpos magros.

b) equilíbrio psíquico da população, pois esse quadro interfere na autoestima das pessoas.

c) quadro clínico da população, pois a obesidade é um fator de risco para o surgimento de diversas doenças crônicas.

d) preconceito contra a pessoa obesa, pois ela sofre discriminação em diversos espaços sociais.

e) desempenho na realização das atividades cotidianas, pois a obesidade interfere na *performance*.

Resp: **185** D **186** E **187** E **188** D

194

Posso mandar por e-mail?

Atualmente, é comum "disparar" currículos na internet com a expectativa de alcançar o maior número possível de selecionadores. Essa, no entanto, é uma ideia equivocada: é preciso saber quem vai receber seu currículo e se a vaga é realmente indicada para seu perfil, sob o risco de estar "queimando o filme" com um futuro empregador. Ao enviar o currículo por *e-mail*, tente saber quem vai recebê-lo e faça um texto sucinto de apresentação, com asugestão a seguir:

Assunto: Currículo para a vaga de gerente de *marketing*
Mensagem: Boa tarde. Meu nome é José da Silva e gos taria de me candidatar à vaga de gerente de marketing. Meu currículo segue anexo.

Guia da língua 2010: modelos o técnicas.
***Língua Portuguesa**, 2010 (adaptado).*

O texto integra um guia de modelos e técnicas de elaboração de textos e cumpre a função social de

a) divulgar um padrão oficial de redação e envio de currículos.
b) indicar um modelo de currículo para pleitear uma vaga de emprego.
c) instruir o leitor sobre como ser eficiente no envio de currículo por *e-mail*.
d) responder a uma pergunta de um assinante da revista sobre o envio de currículo por *e-mail*.
e) orientar o leitor sobre como alcançar o maior número possível de selecionadores de currículos.

195

Cântico VI

Tu tens um medo de
Acabar.
Não vês que acabas todo o dia.
Que morres no amor.
Na tristeza.
Na dúvida.
No desejo.
Que te renovas todo dia.
No amor.
Na tristeza.
Na dúvida.
No desejo.
Que és sempre outro.
Que és sempre o mesmo.
Que morrerás por idades imensas.
Até não teres medo de morrer.
E então serás eterno.

*MEIRELES. C. **Antologia poética,***
Rio de Janeiro: Record. 1963 (fragmento).

A poesia de Cecília Meireles revela concepções sobre o homem em seu aspecto existencial. Em Cântico VI, o eu lírico exorta seu interlocutor a perceber, como inerente à condição humana,

a) a sublimação espiritual graças ao poder de se emocionar.
b) o desalento irremediável em face do cotidiano repetitivo.
c) o questionamento cético sobre o rumo das atitudes humanas.
d) a vontade inconsciente de perpetuar-se em estado adolescente.
e) um receio ancestral de confrontar a imprevisibilidade das coisas.

196

Essa pequena

Meu tempo é curto, o tempo dela sobra
Meu cabelo é cinza, o dela é cor de abóbora
Temo que não dure muito a nossa novela, mas
Eu sou tão feliz com ela
Meu dia voa e ela não acorda
Vou até a esquina, ela quer ir para a Flórida
Acho que nem sei direito o que é que ela fala, mas
Não canso de contemplá-la
Feito avarento, conto os meus minutos
Cada segundo que se esvai
Cuidando dela, que anda noutro mundo
Ela que esbanja suas horas ao vento, ai
Às vezes ela pinta a boca e sai
Fique á vontade, eu digo, take your time
Sinto que ainda vou penar com essa pequena, mas
O blues já valeu a pena

CHICO BUARQUE. Disponível em:
www.chicobuarque.com.br.Acesso em: 31 jun. 2012.

O texto Essa pequena registra a expressão subjetiva do enunciador, trabalhada em uma linguagem informal, comum na música popular. Observa-se, como marca da variedade coloquial da linguagem presente no texto, o uso de

a) palavras emprestadas de língua estrangeira, de uso inusitado no português.

b) expressões populares, que reforçam a proximidade entre o autor e o leitor.
c) palavras polissêmicas, que geram ambiguidade.
d) formas pronominais em primeira pessoa.
e) repetições sonoras no final dos versos.

197

Carta ao Tom 74

Rua Nascimento Silva, cento e sete
Você ensinando pra Elizete
As canções de canção do amor demais
Lembra que tempo feliz
Ah, que saudade,
Ipanema era só felicidade
Era como se o amor doesse em paz
Nossa famosa garota nem sabia
A que ponto a cidade turvaria
Esse Rio de amor que se perdeu
Mesmo a tristeza da gente era mais bela
E além disso se via da janela
Um cantinho de céu e o Redentor
É, meu amigo, só resta uma certeza,
É preciso acabar com essa tristeza
É preciso inventar de novo o amor

*MORAES, V; TOQUINHO. **Bossa Nova, sua história, sua gente.** São Paulo: Universal: Philp s, 1975 (fragmento).*

O trecho da canção de Toquinho e Vinicius de Moraes apresenta marcas do gênero textual carta, possibilitando que o eu poético e o interlocutor

a) compartilhem uma visão realista sobre o amor em sintonia com o meio urbano.
b) troquem notícias em tom nostálgico sobre as mudanças ocorridas na cidade.
c) façam confidências, uma vez que não se encontram mais no Rio de Janeiro.
d) tratem pragmaticamente sobre os destinos do amor e da vida citadina.
e) aceitem as transformações ocorridas em pontos turísticos específicos.

198

Aquarela

O corpo no cavalete
é um pássaro que agoniza
exausto do próprio grito.
As vísceras vasculhadas
principiam a contagem
regressiva.
No assoalho o sangue
se decompõe em matizes
que a brisa beija e balança:
verde – de nossas matas
amarelo – de nosso ouro
azul – de nosso céu
branco o negro o negro

CACASO. In: HOLLANDA. H. B (Org.). 26 poetas hoje. Rio do Janeiro: Aeroplano, 2007.

Situado na vigência do Regime Militar que governou o Brasil, na década de 1970, o poema de Cacaso edifica uma forma de resistência e protesto a esse período, metaforizando

a) as artes plásticas, deturpadas pela repressão e censura.
b) a natureza brasileira, agonizante como um pássaro enjaulado.
c) o nacionalismo romântico, silenciado pela perplexidade com a Ditadura.
d) o emblema nacional, transfigurado pelas marcas do medo e da violência.
e) as riquezas da terra, espoliadas durante o aparelhamento do poder armado.

Resp: **189** C **190** D **191** A **192** E **193** C

199

Tudo era harmonioso, sólido, verdadeiro. No princípio. As mulheres, principalmente as mortas do álbum, eram maravilhosas. Os homens, mais maravilhosos ainda, ah, difícil encontrar família mais perfeita. A nossa família, dizia a bela voz de contralto da minha avó. Na nossa família, frisava, lançado em redor olhares complacentes, lamentando os que não faziam parte do nosso clã. [...]

Quando Margarida resolveu contar os podres todos que sabia naquela noite negra da rebelião, fiquei furiosa. [...]

É mentira, é mentira!, gritei tapando os ouvidos. Mas Margarida seguia em frente: tio Maximiliano se casou com a inglesa de cachos só por causa do dinheiro, não passava de um pilantra, a loirinha feiosa era riquíssima. Tia Consuelo? Ora, tia Consuelo chorava porque sentia falta de homem, ela queria homem e não Deus, ou o convento ou o sanatório. O dote era tão bom que o convento abriu-lhe as portas com loucura e tudo. "E tem mais coisas ainda, minha queridinha", anunciou

Margarida fazendo um agrado no meu queixo. Reagi com violência: uma agregada, uma cria e, ainda por cima, mestiça. Como ousava desmoralizar meus heróis?

*TELLES, L. F. **A estrutura da bolha de sabão**. Rio de Janeiro: Rocco, 1999.*

Representante da ficção contemporânea, a prosa de Lygia Fagundes Telles configura e desconstrói modelos sociais. No trecho, a percepção do núcleo familiar descortina um(a)

a) convivência frágil ligando pessoas financeira mente dependentes.
b) tensa hierarquia familiar equilibrada graças à presença da matriarca.
c) pacto de atitudes e valores mantidos à custa de ocultações e hipocrisias.
d) tradicional conflito de gerações protagonizado pela narradora e seus tios.
e) velada discriminação racial refletida na procura de casamentos com europeus.

200

Texto I

FREUD. L. Francis Wyndham.
Óleo sobre tela 64x 52 cm. Coleção pessoal. 1993.

Texto II

Lucian Freud é, como ele próprio gosta de relembrar às pessoas, um biólogo. Mais propriamente, tem querido registrar verdades muito específicas sobre como é tomar posse deste determinado corpo nesta situação particular, neste específico espaço de tempo.

SMEE, S. Freud Koin: Taschen, 2010.

Considerando a intencionalidade do artista, mencionada no Texto II, e a ruptura da arte no século XX com o parâmetro acadêmico, a obra apresentada trata do(a)

a) exaltação da figura masculina.
b) descrição precisa e idealizada da forma.
c) arranjo simétrico e proporcional dos elementos.
d) representação do padrão do belo contemporâneo.
e) fidelidade à forma realista isenta do ideal de perfeição.

ENEM - 2016

201

Ler não é decifrar, como num jogo de adivinhações, o sentido de um texto. É, a partir do texto, ser capaz de atribuir-lhe significado, conseguir relacioná-lo a todos os outros textos significativos para cada um, reconhecer nele o tipo de leitura que o seu autor pretendia e, dono da própria vontade, entregar-se a essa leitura, ou rebelar-se contra ela, propondo uma outra não prevista.

LAJOLO, M. ***Do mundo da leitura para a leitura do mundo.*** São Paulo: Ática, 1993.

Nesse texto, a autora apresenta reflexões sobre o processo de produção de sentidos, valendo-se da metalinguagem. Essa função da linguagem torna-se evidente pelo fato de o texto

a) ressaltar a importância da intertextualidade.
b) propor leituras diferentes das previsíveis.
c) apresentar o ponto de vista da autora.
d) discorrer sobre o ato de leitura.
e) focar a participação do leitor.

202

Antiode

Poesia, não será esse
o sentido em que
ainda te escrevo:
flor! (Te escrevo:
flor! Não uma
flor, nem aquela
flor-virtude - em
disfarçados urinóis).

Flor é a palavra
flor; verso inscrito
no verso, como as
manhãs no tempo.

Flor é o salto
da ave para o voo:
o salto fora do sono
quando seu tecido
se rompe; é uma explosão
posta a funcionar,
como uma máquina,
uma jarra de flores.

MELO NETO, J. C. ***Psicologia da composição.*** Rio de Janeiro: Nova Fronteira, 1997 (fragmento).

A poesia é marcada pela recriação do objeto por meio da linguagem, sem necessariamente explicá-lo. Nesse fragmento de João Cabral de Melo Neto, poeta da geração de 1945, o sujeito lírico propõe a recriação poética de

a) uma palavra, a partir de imagens com as quais ela pode ser comparada, a fim de assumir novos significados.
b) um urinol, em referência às artes visuais ligadas às vanguardas do início do século XX.
c) uma ave, que compõe, com seus movimentos, uma imagem historicamente ligada à palavra poética.
d) uma máquina, levando em consideração a relevância do discurso técnico-científico pós-Revolução Industrial.
e) um tecido, visto que sua composição depende de elementos intrínsecos ao eu lírico.

203

Qual é a segurança do sangue?

Para que o sangue esteja disponível para aqueles que necessitam, os indivíduos saudáveis devem criar o hábito de doar sangue e encorajar amigos e familiares saudáveis a praticarem o mesmo ato.

A prática de selecionar criteriosamente os doadores, bem como as rígidas normas aplicadas para testar, transportar, estocar e transfundir o sangue doado fizeram dele um produto muito mais seguro do que já foi anteriormente.

Apenas pessoas saudáveis e que não sejam de risco para adquirir doenças infecciosas transmissíveis pelo sangue, como hepatites B e C, HIV, sífilis e Chagas, podem doar sangue.

Se você acha que sua saúde ou comportamento pode colocar em risco a vida de quem for receber seu sangue, ou tem a real intenção de apenas realizar o teste para o vírus HIV, NÃO DOE SANGUE.

Cumpre destacar que apesar de o sangue doado ser testado para as doenças transmissíveis conhecidas

Resp: **194** C **195** A **196** B **197** B **198** D

no momento, existe um período chamado de janela imunológica em que um doador contaminado por um determinado vírus pode transmitir a doença através do seu sangue.

DA SUA HONESTIDADE DEPENDE A VIDA DE QUEM VAI RECEBER SEU SANGUE.

Disponível em: ***www.prosangue.sp.gov.br****.*

Acesso em: 24 abr. 2015 (adaptado).

Nessa campanha, as informações apresentadas têm como objetivo principal

a) conscientizar o doador de sua corresponsabilidade pela qualidade do sangue.
b) garantir a segurança de pessoas de grupos de risco durante a doação de sangue.
c) esclarecer o público sobre a segurança do processo de captação do sangue.
d) alertar os doadores sobre as dificuldades enfrentadas na coleta de sangue.
e) ampliar o número de doadores para manter o banco de sangue.

204

TEXTO I

Entrevistadora – eu vou conversar aqui com a professora A. D. ... o português então não é uma língua difícil?

Professora – olha se você parte do princípio... que a língua portuguesa não é só regras gramaticais... não se você se apaixona pela língua que você... já domina que você já fala ao chegar na escola se o teu professor cativa você a ler obras da literatura... obras da/ dos meios de comunicação... se você tem acesso a revistas... é... a livros didáticos... a... livros de literatura o mais formal o e/ o difícil é porque a escola transforma como eu já disse as aulas de língua portuguesa em análises gramaticais.

TEXTO II

Entrevistadora – Vou conversar com a professora A. D. O português é uma língua difícil?

Professora – Não, se você parte do princípio que a língua portuguesa não é só regras gramaticais. Ao chegar à escola, o aluno já domina e fala a língua. Se o professor motivá-lo a ler obras literárias, e se tem acesso a revistas, a livros didáticos, você se apaixona pela língua. O que torna difícil é que a escola transforma as aulas de língua portuguesa em análises gramaticais.

MARCUSCHI, L. A. ***Da fala para a escrita: atividades de retextualização****. São Paulo: Cortez, 2001 (adaptado).*

O Texto I é a transcrição de uma entrevista concedida por uma professora de português a um programa de rádio. O Texto II é a adaptação dessa entrevista para a modalidade escrita. Em comum, esses textos

a) apresentam ocorrências de hesitações e reformulações.
b) são modelos de emprego de regras gramaticais.
c) são exemplos de uso não planejado da língua.
d) apresentam marcas da linguagem literária.
e) são amostras do português culto urbano.

205

O filme *Menina de ouro* conta a história de Maggie Fitzgerald, uma garçonete de 31 anos que vive sozinha em condições humildes e sonha em se tornar uma boxeadora profissional treinada por Frankie Dunn.

Em uma cena, assim que o treinador atravessa a porta do corredor onde ela se encontra, Maggie o aborda e, a caminho da saída, pergunta a ele se está interessado em treiná-la. Frankie responde: “Eu não treino garotas”. Após essa fala, ele vira as costas e vai embora. Aqui, percebemos, em Frankie, um comportamento ancorado na representação de que boxe é esporte de homem e, em Maggie, a superação da concepção de que os ringues são tradicionalmente masculinos.

Historicamente construída, a feminilidade dominante atribui a submissão, a fragilidade e a passividade a uma “natureza feminina”. Numa concepção hegemônica dos gêneros, feminilidades e masculinidades encontram-se em extremidades opostas.

No entanto, algumas mulheres, indiferentes às convenções sociais, sentem-se seduzidas e desafiadas a aderirem à prática das modalidades consideradas masculinas. É o que observamos em Maggie, que se mostra determinada e insiste em seu objetivo de ser treinada por Frankie.

FERNANDES, V.; MOURÃO, L. Menina de ouro e a representação de feminilidades plurais. ***Movimento****, n. 4, out.-dez. 2014 (adaptado).*

A inserção da personagem Maggie na prática corporal do boxe indica a possibilidade da construção de uma feminilidade marcada pela

a) adequação da mulher a uma modalidade esportiva alinhada a seu gênero.
b) valorização de comportamentos e atitudes normalmente associados à mulher.
c) transposição de limites impostos à mulher num espaço de predomínio masculino.
d) aceitação de padrões sociais acerca da participação da mulher nas lutas corporais.
e) naturalização de barreiras socioculturais responsáveis pela exclusão da mulher no boxe.

206

Entrevista com Terezinha Guilhermina

Terezinha Guilhermina é uma das atletas mais premiadas da história paraolímpica do Brasil e um dos principais nomes do atletismo mundial. Está no Guinness Book de 2013/2014 como a "cega" mais rápida do mundo.

Observatório: Quais os desafios você teve que superar para se consagrar como atleta profissional?

Terezinha Guilhermina: Considero a ausência de recursos financeiros, nos três primeiros anos da minha carreira, como meu principal desafio. A falta de um atleta-guia, para me auxiliar nos treinamentos, me obrigava a treinar sozinha e, por não enxergar bem, acabava sofrendo alguns acidentes como trombadas e quedas.

Observatório: Como está a preparação para os Jogos Paraolímpicos de 2016?

Terezinha Guilhermina: Estou trabalhando intensamente, com vistas a chegar lá bem melhor do que estive em Londres. E, por isso, posso me dedicar a treinos diários, trabalhos preventivos de lesões e acompanhamento psicológico e nutricional da melhor qualidade.

Revista do Observatório Brasil de Igualdade de Gênero, *n. 6, dez. 2014 (adaptado).*

O texto permite relacionar uma prática corporal com uma visão ampliada de saúde. O fator que possibilita identificar essa perspectiva é o(a)

a) aspecto nutricional.
b) condição financeira.
c) prevenção de lesões.
d) treinamento esportivo.
e) acompanhamento psicológico.

207

É possível considerar as modalidades esportivas coletivas dentro de uma mesma lógica, pois possuem uma estrutura comum: seis princípios operacionais divididos em dois grupos, o ataque e a defesa. Os três princípios operacionais de ataque são: conservação individual e coletiva da bola, progressão da equipe com a posse da bola em direção ao alvo adversário e finalização da jogada, visando a obtenção de ponto. Os três princípios operacionais da defesa são: recuperação da bola, impedimento do avanço da equipe contrária com a posse da bola e proteção do alvo para impedir a finalização da equipe adversária.

DAOLIO, J. Jogos esportivos coletivos: dos princípios operacionais aos gestos técnicos – modelo pendular a partir das ideias de Claude Bayer. ***Revista Brasileira de Ciência e Movimento,*** *out. 2002 (adaptado).*

Considerando os princípios expostos no texto, o drible no handebol caracteriza o princípio de

a) recuperação da bola.
b) progressão da equipe.
c) finalização da jogada.
d) proteção do próprio alvo.
e) impedimento do avanço adversário.

208

BONS DIAS!

14 de junho de 1889

Ó doce, ó longa, ó inexprimível melancolia dos jornais velhos! Conhece-se um homem diante de um deles. Pessoa que não sentir alguma coisa ao ler folhas de meio século, bem pode crer que não terá nunca uma das mais profundas sensações da vida, – igual ou quase igual à que dá a vista das ruínas de uma civilização. Não é a saudade piegas, mas a recomposição do extinto, a revivescência do passado.

ASSIS, M. ***Bons dias!*** *(Crônicas 1888-1889). Campinas: Editora da Unicamp; São Paulo: Hucitec, 1990.*

O jornal impresso é parte integrante do que hoje se compreende por tecnologias de informação e comunicação. Nesse texto, o jornal é reconhecido como

a) objeto de devoção pessoal.
b) elemento de afirmação da cultura.
c) instrumento de reconstrução da memória.
d) ferramenta de investigação do ser humano.
e) veículo de produção de fatos da realidade.

Resp: **199** C **200** E **201** D **202** A

209

TEXTO I

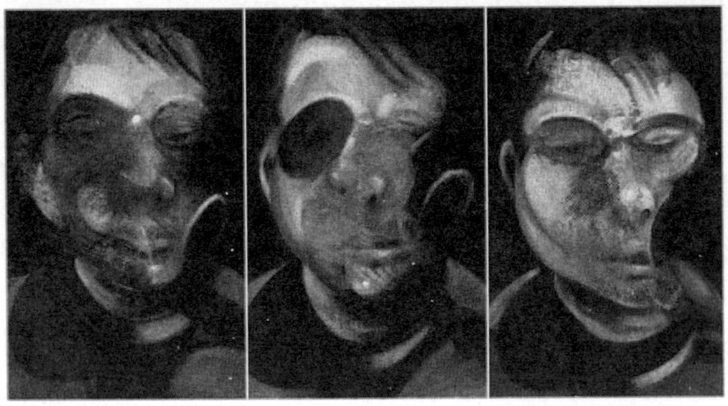

*BACON, F. **Três estudos para um autorretrato**. Óleo sobre tela, 37,5 x 31,8 cm (cada), 1974.*

Disponível em: www.metmuseum.org. Acesso em: 30 maio 2016.

TEXTO II

Tenho um rosto lacerado por rugas secas e profundas, sulcos na pele. Não é um rosto desfeito, como acontece com pessoas de traços delicados, o contorno é o mesmo mas a matéria foi destruída. Tenho um rosto destruído.

*DURAS, M. **O amante**. Rio de Janeiro: Nova Fronteira, 1985.*

Na imagem e no texto do romance de Marguerite Duras, os dois autorretratos apontam para o modo de representação da subjetividade moderna. Na pintura e na literatura modernas, o rosto humano deforma-se, destrói-se ou fragmenta-se em razão

a) da adesão à estética do grotesco, herdada do romantismo europeu, que trouxe novas possibilidades de representação.
b) das catástrofes que assolaram o século XX e da descoberta de uma realidade psíquica pela psicanálise.
c) da opção em demonstrarem oposição aos limites estéticos da revolução permanente trazida pela arte moderna.
d) do posicionamento do artista do século XX contra a negação do passado, que se torna prática dominante na sociedade burguesa.
e) da intenção de garantir uma forma de criar obras de arte independentes da matéria presente em sua história pessoal.

210

Lições de motim

DONA COTINHA - É claro! Só gosta de solidão quem nasceu pra ser solitário. Só o solitário gosta de solidão. Quem vive só e não gosta da solidão não é um solitário, é só um desacompanhado.

(A reflexão escorrega lá pro fundo da alma.) Solidão é vocação, besta de quem pensa que é sina. Por isso, tem de ser valorizada. E não é qualquer um que pode ser solitário, não. Ah, mas não é mesmo! É preciso ter competência pra isso. (De súbito, pedagógica, volta-se para o homem.) É como poesia, sabe, moço? Tem de ser recitada em voz alta, que é pra gente sentir o gosto. (FAZ UMA PAUSA.) Você gosta de poesia? (O HOMEM TORNA A SE DEBATER. A VELHA INTERROMPE O DISCURSO E VOLTA A LHE DAR AS COSTAS, COMO SEMPRE, IMPASSÍVEL. O HOMEM, MAIS UMA VEZ, CANSADO, DESISTE.) Bem, como eu ia dizendo, pra viver bem com a solidão temos de ser proprietários dela e não inquilinos, me entende? Quem é inquilino da solidão não passa de um abandonado. É isso aí.

*ZORZETTI, H. **Lições de motim**. Goiânia: Kelps, 2010 (adaptado).*

Nesse trecho, o que caracteriza *Lições de motim* como texto teatral?

a) O tom melancólico presente na cena.
b) As perguntas retóricas da personagem.
c) A interferência do narrador no desfecho da cena.
d) O uso de rubricas para construir a ação dramática.
e) As analogias sobre a solidão feitas pela personagem.

211

A obra de Túlio Piva poderia ser objeto de estudo nos bancos escolares, ao lado de Noel, Ataulfo e Lupicínio. Se o criador optou por permanecer em sua querência – Santiago, e depois Porto Alegre, a obra alçou voos mais altos, com passagens na Rússia, Estados Unidos

e Venezuela. Tem que ter mulata, seu samba maior, é coisa de craque. Um retrato feito de ritmo e poesia, uma ode ao gênero que amou desde sempre. E o paradoxo: misto de gaúcho e italiano, nascido na fronteira com a Argentina, falando de samba, morro e mulata, com categoria. E que categoria! Uma batida de violão que fez história. O tango transmudado em samba.

*RAMIREZ, H.; PIVA, R. (Org.). **Túlio Piva**: pra ser samba brasileiro. Porto Alegre: Programa Petrobras Cultural, 2005 (adaptado).*

O texto é um trecho da crítica musical sobre a obra de Túlio Piva. Para enfatizar a qualidade do artista, usou-se como recurso argumentativo o(a)

a) contraste entre o local de nascimento e a escolha pelo gênero samba.
b) exemplo de temáticas gaúchas abordadas nas letras de sambas.
c) alusão a gêneros musicais brasileiros e argentinos.
d) comparação entre sambistas de diferentes regiões.
e) aproximação entre a cultura brasileira e a argentina.

212

L.J.C.

– 5 tiros?
– É.
– Brincando de pegador?
– É. O PM pensou que...
– Hoje?
– Cedinho.

*COELHO, M. In: FREIRE, M. (Org.). **Os cem menores contos brasileiros do século.** São Paulo: Ateliê Editorial, 2004.*

Os sinais de pontuação são elementos com importantes funções para a progressão temática. Nesse miniconto, as reticências foram utilizadas para indicar

a) uma fala hesitante.
b) uma informação implícita.
c) uma situação incoerente.
d) a eliminação de uma ideia.
e) a interrupção de uma ação.

213

De domingo

– Outrossim...
– O quê?
– O que o quê?
– O que você disse.
– Outrossim?
– É.
– O que é que tem?
– Nada. Só achei engraçado.
– Não vejo a graça.
– Você vai concordar que não é uma palavra de todos os dias.
– Ah, não é. Aliás, eu só uso domingo.
– Se bem que parece mais uma palavra de segunda-feira.
– Não. Palavra de segunda-feira é "óbice".
– "Ônus".
– "Ônus" também. "Desiderato". "Resquício".
– "Resquício" é de domingo.
– Não, não. Segunda. No máximo terça.
– Mas "outrossim", francamente...
– Qual o problema?
– Retira o "outrossim".
– Não retiro. É uma ótima palavra. Aliás é uma palavra difícil de usar. Não é qualquer um que usa "outrossim".

*VERISSIMO, L. F. **Comédias da vida privada**. Porto Alegre: L&PM, 1996 (fragmento).*

No texto, há uma discussão sobre o uso de algumas palavras da língua portuguesa. Esse uso promove o(a)

a) marcação temporal, evidenciada pela presença de palavras indicativas dos dias da semana.
b) tom humorístico, ocasionado pela ocorrência de palavras empregadas em contextos formais.
c) caracterização da identidade linguística dos interlocutores, percebida pela recorrência de palavras regionais.
d) distanciamento entre os interlocutores, provocado pelo emprego de palavras com significados pouco conhecidos.
e) inadequação vocabular, demonstrada pela seleção de palavras desconhecidas por parte de um dos interlocutores do diálogo.

Resp: **203** A **204** E **205** C **206** B **207** B **208** C

214

Receita

Tome-se um poeta não cansado,
Uma nuvem de sonho e uma flor,
Três gotas de tristeza, um tom dourado,
Uma veia sangrando de pavor.
Quando a massa já ferve e se retorce
Deita-se a luz dum corpo de mulher,
Duma pitada de morte se reforce,
Que um amor de poeta assim requer.

SARAMAGO, J. ***Os poemas possíveis****. Alfragide: Caminho, 1997.*

Os gêneros textuais caracterizam-se por serem relativamente estáveis e podem reconfigurar-se em função do propósito comunicativo. Esse texto constitui uma mescla de gêneros, pois

a) introduz procedimentos prescritivos na composição do poema.
b) explicita as etapas essenciais à preparação de uma receita.
c) explora elementos temáticos presentes em uma receita.
d) apresenta organização estrutural típica de um poema.
e) utiliza linguagem figurada na construção do poema.

215

Espetáculo Romeu e Julieta, Grupo Galpão.

GUTO MUNIZ. Disponível em: www.focoincena.com.br. Acesso em: 30 maio 2016.

A principal razão pela qual se infere que o espetáculo retratado na fotografia é uma manifestação do teatro de rua é o fato de

a) dispensar o edifício teatral para a sua realização.
b) utilizar figurinos com adereços cômicos.
c) empregar elementos circenses na atuação.
d) excluir o uso de cenário na ambientação.
e) negar o uso de iluminação artificial.

216

O humor e a língua

Há algum tempo, venho estudando as piadas, com ênfase em sua constituição linguística.

Por isso, embora a afirmação a seguir possa parecer surpreendente, creio que posso garantir que se trata de uma verdade quase banal: as piadas fornecem simultaneamente um dos melhores retratos dos valores e problemas de uma sociedade, por um lado, e uma coleção de fatos e dados impressionantes para quem quer saber o que é e como funciona uma língua, por outro. Se se quiser descobrir os problemas com os quais uma sociedade se debate, uma coleção de piadas fornecerá excelente pista: sexualidade, etnia/raça e outras diferenças, instituições (igreja, escola, casamento, política), morte, tudo isso está sempre presente nas piadas que circulam anonimamente e que são ouvidas e contadas por todo mundo em todo o mundo. Os antropólogos ainda não prestaram a devida atenção a esse material, que poderia substituir com vantagem muitas entrevistas e pesquisas participantes. Saberemos mais a quantas andam o machismo e o racismo, por exemplo, se pesquisarmos uma coleção de piadas do que qualquer outro corpus.

POSSENTI, S. ***Ciência Hoje****, n. 176, out. 2001 (adaptado).*

A piada é um gênero textual que figura entre os mais recorrentes na cultura brasileira, sobretudo na tradição oral. Nessa reflexão, a piada é enfatizada por

a) sua função humorística.
b) sua ocorrência universal.
c) sua diversidade temática.
d) seu papel como veículo de preconceitos.
e) seu potencial como objeto de investigação.

217

O nome do inseto pirilampo (vaga-lume) tem uma interessante certidão de nascimento.

De repente, no fim do século XVII, os poetas de Lisboa repararam que não podiam cantar o inseto luminoso, apesar de ele ser um manancial de metáforas, pois possuía um nome "indecoroso" que não podia ser "usado em papéis sérios": caga-lume. Foi então que o dicionarista Raphael Bluteau inventou a nova palavra, pirilampo, a partir do grego pyr, significando 'fogo', e lampas, 'candeia'.

FERREIRA, M. B. ***Caminhos do português:*** *exposição comemorativa do Ano Europeu das Línguas. Portugal: Biblioteca Nacional, 2001 (adaptado).*

O texto descreve a mudança ocorrida na nomeação do inseto, por questões de tabu linguístico. Esse tabu diz respeito à

a) recuperação histórica do significado.
b) ampliação do sentido de uma palavra.
c) produção imprópria de poetas portugueses.
d) denominação científica com base em termos gregos.
e) restrição ao uso de um vocábulo pouco aceito socialmente.

218

Primeira lição

Os gêneros de poesia são: lírico, satírico, didático, épico, ligeiro.

O gênero lírico compreende o lirismo.

Lirismo é a tradução de um sentimento subjetivo, sincero e pessoal.

É a linguagem do coração, do amor.

O lirismo é assim denominado porque em outros tempos os versos sentimentais eram declamados ao som da lira.

O lirismo pode ser:

a) Elegíaco, quando trata de assuntos tristes, quase sempre a morte.
b) Bucólico, quando versa sobre assuntos campestres.
c) Erótico, quando versa sobre o amor.

O lirismo elegíaco compreende a elegia, a nênia, a endecha, o epitáfio e o epicédio.

Elegia é uma poesia que trata de assuntos tristes.

Nênia é uma poesia em homenagem a uma pessoa morta.

Era declamada junto à fogueira onde o cadáver era incinerado.

Endecha é uma poesia que revela as dores do coração.

Epitáfio é um pequeno verso gravado em pedras tumulares.

Epicédio é uma poesia onde o poeta relata a vida de uma pessoa morta.

CESAR, A. C. Poética. São Paulo: Companhia das Letras, 2013.

No poema de Ana Cristina Cesar, a relação entre as definições apresentadas e o processo de construção do texto indica que o(a)

a) caráter descritivo dos versos assinala uma concepção irônica de lirismo.
b) tom explicativo e contido constitui uma forma peculiar de expressão poética.
c) seleção e o recorte do tema revelam uma visão pessimista da criação artística.
d) enumeração de distintas manifestações líricas produz um efeito de impessoalidade.
e) referência a gêneros poéticos clássicos expressa a adesão do eu lírico às tradições literárias.

219

Você pode não acreditar

Você pode não acreditar: mas houve um tempo em que os leiteiros deixavam as garrafinhas de leite do lado de fora das casas, seja ao pé da porta, seja na janela.

A gente ia de uniforme azul e branco para o grupo, de manhãzinha, passava pelas casas e não ocorria que alguém pudesse roubar aquilo.

Você pode não acreditar: mas houve um tempo em que os padeiros deixavam o pão na soleira da porta ou na janela que dava para a rua. A gente passava e via aquilo como uma coisa normal.

Você pode não acreditar: mas houve um tempo em que você saía à noite para namorar e voltava andando pelas ruas da cidade, caminhando displicentemente, sentindo cheiro de jasmim e de alecrim, sem olhar para trás, sem temer as sombras.

Você pode não acreditar: houve um tempo em que as pessoas se visitavam airosamente. Chegavam no meio da tarde ou à noite, contavam casos, tomavam café, falavam da saúde, tricotavam sobre a vida alheia e voltavam de bonde às suas casas.

Você pode não acreditar: mas houve um tempo em que o namorado primeiro ficava andando com a moça numa rua perto da casa dela, depois passava a namorar no portão, depois tinha ingresso na sala da

Resp: **209** B **210** D **211** A **212** B **213** B

família. Era sinal de que já estava praticamente noivo e seguro.

Houve um tempo em que havia tempo.

Houve um tempo.

SANT'ANNA, A. R. ***Estado de Minas***, 5 maio 2013 (fragmento).

Nessa crônica, a repetição do trecho "Você pode não acreditar: mas houve um tempo em que..." configura-se como uma estratégia argumentativa que visa

a) surpreender o leitor com a descrição do que as pessoas faziam durante o seu tempo livre antigamente.
b) sensibilizar o leitor sobre o modo como as pessoas se relacionavam entre si num tempo mais aprazível.
c) advertir o leitor mais jovem sobre o mau uso que se faz do tempo nos dias atuais.
d) incentivar o leitor a organizar melhor o seu tempo sem deixar de ser nostálgico.
e) convencer o leitor sobre a veracidade de fatos relativos à vida no passado.

220

Galinha cega

O dono correu atrás de sua branquinha, agarrou-a, lhe examinou os olhos. Estavam direitinhos, graças a Deus, e muito pretos. Soltou-a no terreiro e lhe atirou mais milho. A galinha continuou a bicar o chão desorientada. Atirou ainda mais, com paciência, até que ela se fartasse. Mas não conseguiu com o gasto de milho, de que as outras se aproveitaram, atinar com a origem daquela desorientação. Que é que seria aquilo, meu Deus do céu? Se fosse efeito de uma pedrada na cabeça e se soubesse quem havia mandado a pedra, algum moleque da vizinhança, aí... Nem por sombra imaginou que era a cegueira irremediável que principiava.

Também a galinha, coitada, não compreendia nada, absolutamente nada daquilo. Por que não vinham mais os dias luminosos em que procurava a sombra das pitangueiras? Sentia ainda o calor do sol, mas tudo quase sempre tão escuro. Quase que já não sabia onde é que estava a luz, onde é que estava a sombra.

GUIMARAENS, J. A. Contos e novelas. Rio de Janeiro: Imago, 1976 (fragmento).

Ao apresentar uma cena em que um menino atira milho às galinhas e observa com atenção uma delas, o narrador explora um recurso que conduz a uma expressividade fundamentada na

a) captura de elementos da vida rural, de feições peculiares.
b) caracterização de um quintal de sítio, espaço de descobertas.
c) confusão intencional da marcação do tempo, centrado na infância.
d) apropriação de diferentes pontos de vista, incorporados afetivamente.
e) fragmentação do conflito gerador, distendido como apoio à emotividade.

221

Sem acessórios nem som

Escrever só para me livrar
de escrever.
Escrever sem ver, com riscos
sentindo falta dos acompanhamentos
com as mesmas lesmas
e figuras sem força de expressão.
Mas tudo desafina:
o pensamento pesa
tanto quanto o corpo
enquanto corto os conectivos
corto as palavras rentes
com tesoura de jardim
cega e bruta
com facão de mato.
Mas a marca deste corte
tem que ficar
nas palavras que sobraram.
Qualquer coisa do que desapareceu
continuou nas margens, nos talos
no atalho aberto a talhe de foice
no caminho de rato.

*FREITAS FILHO, A. **Máquina de escrever**: poesia reunida e revista. Rio de Janeiro: Nova Fronteira, 2003.*

Nesse texto, a reflexão sobre o processo criativo aponta para uma concepção de atividade poética que põe em evidência o(a)

a) angustiante necessidade de produção, presente em "Escrever só para me livrar/ de escrever".
b) imprevisível percurso da composição, presente em "no atalho aberto a talhe de foice/ no caminho de rato".

c) agressivo trabalho de supressão, presente em “corto as palavras rentes/ com tesoura de jardim/ cega e bruta”.

d) inevitável frustração diante do poema, presente em “Mas tudo desafina:/ o pensamento pesa/ tanto quanto o corpo”.

e) conflituosa relação com a inspiração, presente em “sentindo falta dos acompanhamentos/ e figuras sem força de expressão”.

222

A origem da obra de arte (2002) é uma instalação seminal na obra de Marilá Dardot.

Apresentada originalmente em sua primeira exposição individual, no Museu de Arte da Pampulha, em Belo Horizonte, a obra constitui um convite para a interação do espectador, instigado a compor palavras e sentenças e a distribuí-las pelo campo. Cada letra tem o feitio de um vaso de cerâmica (ou será o contrário?) e, à disposição do espectador, encontram-se utensílios de plantio, terra e sementes. Para abrigar a obra e servir de ponto de partida para a criação dos textos, foi construído um pequeno galpão, evocando uma estufa ou um ateliê de jardinagem. As 1 500 letras-vaso foram produzidas pela cerâmica que funciona no Instituto Inhotim, em Minas Gerais, num processo que durou vários meses e contou com a participação de dezenas de mulheres das comunidades do entorno. Plantar palavras, semear ideias é o que nos propõe o trabalho. No contexto de Inhotim, onde natureza e arte dialogam de maneira privilegiada, esta proposição se torna, de certa maneira, mais perto da possibilidade.

Disponível em: www.inhotim.org.br. Acesso em: 22 maio 2013 (adaptado).

A função da obra de arte como possibilidade de experimentação e de construção pode ser constatada no trabalho de Marilá Dardot porque

a) o projeto artístico acontece ao ar livre.

b) o observador da obra atua como seu criador.

c) a obra integra-se ao espaço artístico e botânico.

d) as letras-vaso são utilizadas para o plantio de mudas.

e) as mulheres da comunidade participam na confecção das peças.

223

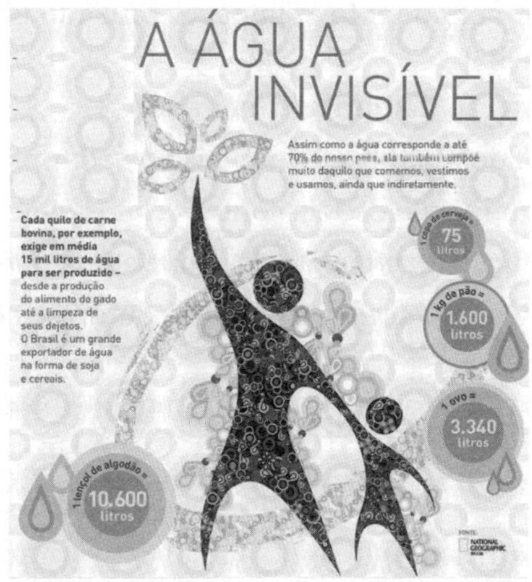

ECONOMIZAR BENS DE CONSUMO E EVITAR O DESPERDÍCIO TAMBÉM E POUPAR ÁGUA

National Geographic Brasil, n. 151, out 2012 (adaptado).

Nessa campanha publicitária, para estimular a economia de água, o leitor é incitado a

a) adotar práticas de consumo consciente.

b) alterar hábitos de higienização pessoal e residencial.

c) contrapor-se a formas indiretas de exportação de água.

d) optar por vestuário produzido com matéria-prima reciclável.

e) conscientizar produtores rurais sobre os custos de produção.

Resp: **214** A **215** A **216** E **217** E **218** B

224

Até que ponto replicar conteúdo é crime? "A internet e a pirataria são inseparáveis", diz o diretor do instituto de pesquisas americano Social Science Research Council. "Há uma infraestrutura pequena para controlar quem é o dono dos arquivos que circulam na rede.

Isso acabou com o controle sobre a propriedade e tem sido descrito como pirataria, mas é inerente à tecnologia", afirma o diretor. O ato de distribuir cópias de um trabalho sem a autorização dos seus produtores pode, sim, ser considerado crime, mas nem sempre essa distribuição gratuita lesa os donos dos direitos autorais. Pelo contrário. Veja o caso do livro O alquimista, do escritor Paulo Coelho. Após publicar, para download gratuito, uma versão traduzida da obra em seu blog, Coelho viu as vendas do livro em papel explodirem.

BARRETO, J.; MORAES, M. A internet existe sem pirataria?

***Veja**, n. 2 308, 13 fev. 2013 (adaptado).*

De acordo com o texto, o impacto causado pela internet propicia a

a) banalização da pirataria na rede.

b) adoção de medidas favoráveis aos editores.

c) implementação de leis contra crimes eletrônicos.

d) reavaliação do conceito de propriedade intelectual.

e) ampliação do acesso a obras de autores reconhecidos.

225

Em casa, Hideo ainda podia seguir fiel ao imperador japonês e às tradições que trouxera no navio que aportara em Santos. [...] Por isso Hideo exigia que, aos domingos, todos estivessem juntos durante o almoço. Ele se sentava à cabeceira da mesa; à direita ficava Hanashiro, que era o primeiro filho, e Hitoshi, o segundo, e à esquerda, Haruo, depois Hiroshi, que era o mais novo. [...] A esposa, que também era mãe, e as filhas, que também eram irmãs, aguardavam de pé ao redor da mesa [...]. Haruo reclamava, não se cansava de reclamar: que se sentassem também as mulheres à mesa, que era um absurdo aquele costume. Quando se casasse, se sentariam à mesa a esposa e o marido, um em frente ao outro, porque não era o homem melhor que a mulher para ser o primeiro [...]. Elas seguiam de pé, a mãe um pouco cansada dos protestos do filho, pois o momento do almoço era sagrado, não era hora de levantar bandeiras inúteis [...].

NAKASATO, O. Nihonjin. São Paulo: Benvirá, 2011 (fragmento).

Referindo-se a práticas culturais de origem nipônica, o narrador registra as reações que elas provocam na família e mostra um contexto em que

a) a obediência ao imperador leva ao prestígio pessoal.

b) as novas gerações abandonam seus antigos hábitos.

c) a refeição é o que determina a agregação familiar.

d) os conflitos de gênero tendem a ser neutralizados.

e) o lugar à mesa metaforiza uma estrutura de poder.

226

O *hoax*, como é chamado qualquer boato ou farsa na internet, pode espalhar vírus entre os seus contatos. Falsos sorteios de celulares ou frases que Clarice Lispector nunca disse são exemplos de *hoax*. Trata-se de boatos recebidos por e-mail ou compartilhados em redes sociais. Em geral, são mensagens dramáticas ou alarmantes que acompanham imagens chocantes, falam de crianças doentes ou avisam sobre falsos vírus. O objetivo de quem cria esse tipo de mensagem pode ser apenas se divertir com a brincadeira (de mau gosto), prejudicar a imagem de uma empresa ou espalhar uma ideologia política.

Se o *hoax* for do tipo phishing (derivado de *fishing*, pescaria, em inglês) o problema pode ser mais grave: o usuário que clicar pode ter seus dados pessoais ou bancários roubados por golpistas. Por isso é tão importante ficar atento.

VIMERCATE, N. Disponível em: www.techtudo.com.br.

Acesso em: 1 maio 2013 (adaptado).

Ao discorrer sobre os *hoaxes*, o texto sugere ao leitor, como estratégia para evitar essa ameaça,

a) recusar convites de jogos e brincadeiras feitos pela internet.

b) analisar a linguagem utilizada nas mensagens recebidas.

c) classificar os contatos presentes em suas redes sociais.

d) utilizar programas que identifiquem falsos vírus.

e) desprezar mensagens que causem comoção.

227

TOZZI, C. Colcha de retalhos. Mosaico figurativo. Estação de Metrô Sé. Disponível em: www.arteforadomuseu.com.br. Acesso em: 8 mar. 2013.

Colcha de retalhos representa a essência do mural e convida o público a

a) apreciar a estética do cotidiano.
b) interagir com os elementos da composição.
c) refletir sobre elementos do inconsciente do artista.
d) reconhecer a estética clássica das formas.
e) contemplar a obra por meio da movimentação física.

228

PINHÃO sai ao mesmo tempo que BENONA entra.

BENONA: Eurico, Eudoro Vicente está lá fora e quer falar com você.

EURICÃO: Benona, minha irmã, eu sei que ele está lá fora, mas não quero falar com ele.

BENONA: Mas Eurico, não lhe devemos certas atenções.

EURICÃO: Você, que foi noiva dele. Eu, não!

BENONA: Isso são coisas passadas.

EURICÃO: Passadas para você, mas o prejuízo foi meu. Esperava que Eudoro, com todo aquele dinheiro, se tornasse meu cunhado. Era uma boca a menos e um patrimônio a mais. E o peste me traiu. Agora, parece que ouviu dizer que eu tenho um tesouro. E vem louco atrás dele, sedento, atacado de verdadeira hidrofobia. Vive farejando ouro, como um cachorro da molest'a, como um urubu, atrás do sangue dos outros.

Mas ele está enganado. Santo Antônio há de proteger minha pobreza e minha devoção.

SUASSUNA, *A.* ***O santo e a porca****. Rio de Janeiro: José Olympio,* 2013 (fragmento).

Nesse texto teatral, o emprego das expressões "o peste" e "cachorro da molest'a" contribui para

a) marcar a classe social das personagens.
b) caracterizar usos linguísticos de uma região.
c) enfatizar a relação familiar entre as personagens.
d) sinalizar a influência do gênero nas escolhas vocabulares.
e) demonstrar o tom autoritário da fala de uma das personagens.

229

Soneto VII

Onde estou? Este sítio desconheço:
Quem fez tão diferente aquele prado?
Tudo outra natureza tem tomado;
E em contemplá-lo tímido esmoreço.

Uma fonte aqui houve; eu não me esqueço
De estar a ela um dia reclinado:
Ali em vale um monte está mudado:
Quanto pode dos anos o progresso!

Árvores aqui vi tão florescentes,
Que faziam perpétua a primavera:
Nem troncos vejo agora decadentes.

Eu me engano: a região esta não era;
Mas que venho a estranhar, se estão presentes
Meus males, com que tudo degenera!

COSTA, C. M. ***Poemas****. Disponível em: www.dominiopublico.gov.br. Acesso em: 7 jul. 2012.*

No soneto de Cláudio Manuel da Costa, a contemplação da paisagem permite ao eu lírico uma reflexão em que transparece uma

a) angústia provocada pela sensação de solidão.
b) resignação diante das mudanças do meio ambiente.
c) dúvida existencial em face do espaço desconhecido.
d) intenção de recriar o passado por meio da paisagem.
e) empatia entre os sofrimentos do eu e a agonia da terra.

Resp: **219** B **220** D **221** C **222** B **223** A

230

Centro das atenções em um planeta cada vez mais interconectado, a Floresta Amazônica expõe inúmeros dilemas. Um dos mais candentes diz respeito à madeira e sua exploração econômica, uma saga que envolve os muitos desafios para a conservação dos recursos naturais às gerações futuras.

Com o olhar jornalístico, crítico e ao mesmo tempo didático, adentramos a Amazônia em busca de histórias e sutilezas que os dados nem sempre revelam. Lapidamos estatísticas e estudos científicos para construir uma síntese útil a quem direciona esforços para conservar a floresta, seja no setor público, seja no setor privado, seja na sociedade civil.

Guiada como uma reportagem, rica em informações ilustradas, a obra Madeira de ponta a ponta revela a diversidade de **fraudes na cadeia de produção**, transporte e comercialização da madeira, bem como as iniciativas de boas práticas que se disseminam e trazem

esperança rumo a um modelo de convivência entre desenvolvimento e manutenção da floresta.

VILLELA, M.; SPINK, P. In: ADEODATO, S. et al. ***Madeira de ponta a ponta**:* *o caminho desde a floresta até o consumo. São Paulo: FGV RAE, 2011 (adaptado).*

A fim de alcançar seus objetivos comunicativos, os autores escreveram esse texto para

a) apresentar informações e comentários sobre o livro.
b) noticiar as descobertas científicas oriundas da pesquisa.
c) defender as práticas sustentáveis de manejo da madeira.
d) ensinar formas de combate à exploração ilegal de madeira.
e) demonstrar a importância de parcerias para a realização da pesquisa.

231

Disponível em: www.paradapelavida.com.br. Acesso em: 15 nov. 2014.

Nesse texto, a combinação de elementos verbais e não verbais configura-se como estratégia argumentativa para

a) manifestar a preocupação do governo com a segurança dos pedestres.
b) associar a utilização do celular às ocorrências de atropelamento de crianças.
c) orientar pedestres e motoristas quanto à utilização responsável do telefone móvel.
d) influenciar o comportamento de motoristas em relação ao uso de celular no trânsito.
e) alertar a população para os riscos da falta de atenção no trânsito das grandes cidades.

232

Pérolas absolutas

Há, no seio de uma ostra, um movimento – ainda que imperceptível. Qualquer coisa imiscuiu-se pela fissura, uma partícula qualquer, diminuta e invisível. Venceu as paredes lacradas, que se fecham como a boca que tem medo de deixar escapar um segredo. Venceu.

E agora penetra o núcleo da ostra, contaminando-lhe a própria substância. A ostra reage, imediatamente. E começa a secretar o nácar. É um mecanismo de defesa, uma tentativa de purificação contra a partícula invasora. Com uma paciência de fundo de mar, a ostra profanada continua seu trabalho incansável, secretando por anos a fio o nácar que aos poucos se vai solidificando. É dessa solidificação que nascem as pérolas.

As pérolas são, assim, o resultado de uma contaminação. A arte por vezes também. A arte é quase sempre a transformação da dor. [...] Escrever é preciso. É preciso continuar secretando o nácar, formar a pérola que talvez seja imperfeita, que talvez jamais seja encontrada e viva para sempre encerrada no fundo do mar. Talvez estas, as pérolas esquecidas, jamais achadas, as pérolas intocadas e por isso absolutas em si mesmas, guardem em si uma parcela faiscante da eternidade.

SEIXAS, H. ***Uma ilha chamada livro**. Rio de Janeiro: Record, 2009 (fragmento).*

Considerando os aspectos estáticos e semânticos presentes no texto, a imagem da pérola configura uma percepção que

a) reforça o valor do sofrimento e do esquecimento para o processo criativo.

b) ilustra o conflito entre a procura do novo e a rejeição ao elemento exótico.

c) concebe a criação literária como trabalho progressivo e de autoconhecimento.

d) expressa a ideia de atividade poética como experiência anônima e involuntária.

e) destaca o efeito introspectivo gerado pelo contato com o inusitado e com o desconhecido.

233

Querido diário

Hoje topei com alguns conhecidos meus
Me dão bom-dia, cheios de carinho
Dizem para eu ter muita luz, ficar com Deus
Eles têm pena de eu viver sozinho
[...]
Hoje o inimigo veio me espreitar
Armou tocaia lá na curva do rio
Trouxe um porrete a mó de me quebrar
Mas eu não quebro porque sou macio, viu

HOLANDA, C. B. Chico. Rio de Janeiro: Biscoito Fino, 2013 (fragmento).

Uma característica do gênero diário que aparece na letra da canção de Chico Buarque é o(a)

a) diálogo com interlocutores próximos.
b) recorrência de verbos no infinitivo.
c) predominância de tom poético.
d) uso de rimas na composição.
e) narrativa autorreflexiva.

234

O livro *A fórmula* secreta conta a história de um episódio fundamental para o nascimento da matemática moderna e retrata uma das disputas mais virulentas da ciência renascentista. Fórmulas misteriosas, duelos públicos, traições, genialidade, ambição – e matemática! Esse é o instigante universo apresentado no livro, que resgata a história dos italianos Tartaglia e Cardano e da fórmula revolucionária para resolução de equações de terceiro grau. A obra reconstitui um episódio polêmico que marca, para muitos, o início do período moderno da matemática.

Em última análise, *A fórmula* secreta apresenta-se como uma ótima opção para conhecer um pouco mais sobre a história da matemática e acompanhar um dos debates científicos mais inflamados do século XVI no campo. Mais do que isso, é uma obra de fácil leitura e uma boa mostra de que é possível abordar temas como álgebra de forma interessante, inteligente e acessível ao grande público.

GARCIA, M. ***Duelos, segredos e matemática.*** *Disponível em: http://cienciahoje.uol.com.br. Acesso em: 6 out. 2015 (adaptado).*

Na construção textual, o autor realiza escolhas para cumprir determinados objetivos. Nesse sentido, a função social desse texto é

a) interpretar a obra a partir dos acontecimentos da narrativa.

b) apresentar o resumo do conteúdo da obra de modo impessoal.

c) fazer a apreciação de uma obra a partir de uma síntese crítica.

d) informar o leitor sobre a veracidade dos fatos descritos na obra.

e) classificar a obra como uma referência para estudiosos da matemática.

235

A partida de trem

Marcava seis horas da manhã. Angela Pralini pagou o táxi e pegou sua pequena valise. Dona Maria Rita de Alvarenga Chagas Souza Melo desceu do Opala da filha e encaminharam-se para os trilhos. A velha bem-vestida e com joias. Das rugas que a disfarçavam saía a forma pura de um nariz perdido na idade, e de uma boca que outrora devia ter sido cheia e sensível. Mas que importa? Chega-se a um certo ponto – e o que foi não importa. Começa uma nova raça. Uma velha não pode comunicar-se. Recebeu o beijo gelado de

Resp: **224** D **225** E **226** B **227** A **228** B **229** E sua filha que foi embora antes do trem partir. Ajudara-a antes a subir no vagão. Sem que neste houvesse um centro, ela se colocara do lado. Quando a locomotiva se pôs em movimento, surpreendeu-se um pouco: não esperava que o trem seguisse nessa direção e sentara-se de costas para o caminho.

Angela Pralini percebeu-lhe o movimento e perguntou:

– A senhora deseja trocar de lugar comigo? Dona Maria Rita se espantou com a delicadeza, disse que não, obrigada, para ela dava no mesmo. Mas parecia ter-se perturbado. Passou a mão sobre o camafeu filigranado de ouro, espetado no peito, passou a mão pelo broche. Seca. Ofendida? Perguntou afinal a Angela Pralini:

– É por causa de mim que a senhorita deseja trocar de lugar?

LISPECTOR, C. ***Onde estivestes de noite****. Rio de Janeiro: Nova Fronteira, 1980 (fragmento).*

A descoberta de experiências emocionais com base no cotidiano é recorrente na obra de Clarice Lispector. No fragmento, o narrador enfatiza o(a)

a) comportamento vaidoso de mulheres de condição social privilegiada.

b) anulação das diferenças sociais no espaço público de uma estação.

c) incompatibilidade psicológica entre mulheres de gerações diferentes.

d) constrangimento da aproximação formal de pessoas desconhecidas.

e) sentimento de solidão alimentado pelo processo de envelhecimento

236

Esses chopes dourados

[...]
quando a geração de meu pai
batia na minha
a minha achava que era normal
que a geração de cima
só podia educar a de baixo
batendo

quando a minha geração batia na de vocês
ainda não sabia que estava errado
mas a geração de vocês já sabia
e cresceu odiando a geração de cima

aí chegou esta hora
em que todas as gerações já sabem de tudo
e é péssimo
ter pertencido à geração do meio
tendo errado quando apanhou da de cima
e errado quando bateu na de baixo

e sabendo que apesar de amaldiçoados
éramos todos inocentes.

WANDERLEY, J. In: MORICONI, I. (Org.). ***Os cem melhores poemas brasileiros do século.*** *Rio de Janeiro: Objetiva, 2001 (fragmento).*

Ao expressar uma percepção de atitudes e valores situados na passagem do tempo, o eu lírico manifesta uma angústia sintetizada na

a) compreensão da efemeridade das convicções antes vistas como sólidas.

b) consciência das imperfeições aceitas na construção do senso comum.

c) revolta das novas gerações contra modelos tradicionais de educação.

d) incerteza da expectativa de mudança por parte das futuras gerações.

e) crueldade atribuída à forma de punição praticada pelos mais velhos.

237

O senso comum é que só os seres humanos são capazes de rir. Isso não é verdade?

Não. O riso básico – o da brincadeira, da diversão, da expressão física do riso, do movimento da face e da vocalização – nós compartilhamos com diversos animais. Em ratos, já foram observadas vocalizações ultrassônicas – que nós não somos capazes de perceber – e que eles emitem quando estão brincando de “rolar no chão”. Acontecendo de o cientista provocar um dano em um local específico no cérebro, o rato deixa de fazer essa vocalização e a brincadeira vira briga séria. Sem o riso, o outro pensa que está sendo atacado. O que nos diferencia dos animais é que não temos apenas esse mecanismo básico. Temos um outro mais evoluído. Os animais têm o senso de brincadeira, como nós, mas não têm senso de humor. O córtex, a parte superficial do cérebro deles, não é tão evoluído como o nosso. Temos mecanismos corticais que nos permitem, por exemplo, interpretar uma piada.

Disponível em: http://globonews.globo.com. Acesso em: 31 maio 2012 (adaptado).

A coesão textual é responsável por estabelecer relações entre as partes do texto. Analisando o trecho "Acontecendo de o cientista provocar um dano em um local específico no cérebro", verifica-se que ele estabelece com a oração seguinte uma relação de

a) finalidade, porque os danos causados ao cérebro têm por finalidade provocar a falta de vocalização dos ratos.
b) oposição, visto que o dano causado em um local específico no cérebro é contrário à vocalização dos ratos.
c) condição, pois é preciso que se tenha lesão específica no cérebro para que não haja vocalização dos ratos.
d) consequência, uma vez que o motivo de não haver mais vocalização dos ratos é o dano causado no cérebro.
e) proporção, já que à medida que se lesiona o cérebro não é mais possível que haja vocalização dos ratos.

238

Mandinga – Era a denominação que, no período das grandes navegações, os portugueses davam à costa ocidental da África. A palavra se tornou sinônimo de feitiçaria porque os exploradores lusitanos consideravam bruxos os africanos que ali habitavam – é que eles davam indicações sobre a existência de ouro na região. Em idioma nativo, manding designava terra de feiticeiros. A palavra acabou virando sinônimo de feitiço, sortilégio.

COTRIM, M. ***O pulo do gato*** *3. São Paulo: Geração Editorial, 2009 (fragmento).*

No texto, evidencia-se que a construção do significado da palavra mandinga resulta de um(a)

a) contexto sócio-histórico.
b) diversidade étnica.
c) descoberta geográfica.
d) apropriação religiosa.
e) contraste cultural.s datas.

239

TEXTO I

Nesta época do ano, em que comprar compulsivamente é a principal preocupação de boa parte da população, é imprescindível refletirmos sobre a importância da mídia na propagação de determinados comportamentos que induzem ao consumismo exacerbado. No clássico livro O capital, Karl Marx aponta que no capitalismo os bens materiais, ao serem fetichizados, passam a assumir qualidades que vão além da mera materialidade. As coisas são personificadas e as pessoas são coisificadas. Em outros termos, um automóvel de luxo, uma mansão em um bairro nobre ou a ostentação de objetos de determinadas marcas famosas

são alguns dos fatores que conferem maior valorização e visibilidade social a um indivíduo.

LADEIRA, F. F. ***Reflexões sobre o consumismo****.*
Disponível em:http://observatoriodaimprensa.com.br.
Acesso em: 18 jan. 2015.

TEXTO II

Todos os dias, em algum nível, o consumo atinge nossa vida, modifica nossas relações, gera e rege sentimentos, engendra fantasias, aciona comportamentos, faz sofrer, faz gozar. Às vezes constrangendo-nos em nossas ações no mundo, humilhando e aprisionando, às vezes ampliando nossa imaginação e nossa capacidade de desejar, consumimos e somos consumidos. Numa época toda codificada como a nossa, o código da alma (o código do ser) virou código do consumidor! Fascínio pelo consumo, fascínio do consumo. Felicidade, luxo, bem-estar, boa forma, lazer, elevação espiritual, saúde, turismo, sexo, família e corpo são hoje reféns da engrenagem do consumo.

BARCELLOS, G. ***A alma do consumo****. Disponível em: www.diplomatique.org.br. Acesso em: 18 jan. 2015.*

Resp: 230 A | 231 D | 232 C | 233 E | 234 C

Esses textos propõem uma reflexão crítica sobre o consumismo. Ambos partem do ponto de vista de que esse hábito

a) desperta o desejo de ascensão social.
b) provoca mudanças nos valores sociais.
c) advém de necessidades suscitadas pela publicidade.
d) deriva da inerente busca por felicidade pelo ser humano.
e) resulta de um apelo do mercado em determinadas datas.

240

Quem procura a essência de um conto no espaço que fica entre a obra e seu autor comete um erro: é muito melhor procurar não no terreno que fica entre o escritor e sua obra, mas justamente no terreno que fica entre o texto e seu leitor.

OZ, A. De amor e trevas. São Paulo: Cia. das Letras, 2005 (fragmento).

A progressão temática de um texto pode ser estruturada por meio de diferentes recursos coesivos, entre os quais se destaca a pontuação. Nesse texto, o emprego dos dois pontos caracteriza uma operação textual realizada com a finalidade de

a) comparar elementos opostos.
b) relacionar informações gradativas.
c) intensificar um problema conceitual.
d) introduzir um argumento esclarecedor.
e) assinalar uma consequência hipotética.

ENEM - 2017

241

Romanos usavam redes sociais há dois mil anos, diz livro

Ao tuitar ou comentar embaixo do post de um de seus vários amigos no Facebook, você provavelmente se sente privilegiado por viver em um tempo na história em que é possível alcançar de forma imediata uma vasta rede de contatos por meio de um simples clique no botão "enviar". Você talvez também reflita sobre como as gerações passadas puderam viver sem mídias sociais, desprovidas da capacidade de verem e serem vistas, de receber, gerar e interagir com uma imensa carga de informações. Mas o que você talvez não saiba é que os seres humanos usam ferramentas de interação social há mais de dois mil anos. É o que afirma Tom Standage, autor do livro *Writing on the Wall* - Social Media, *The first 2 000 Years* (Escrevendo no mural - mídias sociais, os primeiros 2 mil anos, em tradução livre).

Segundo Standage, Marco Túlio Cícero, filósofo e político romano, teria sido, junto com outros membros da elite romana, precursor do uso de redes sociais. O autor relata como Cícero usava um escravo, que posteriormente tornou-se seu escriba, para redigir mensagens em rolos de papiro que eram enviados a uma espécie de rede de contatos. Estas pessoas, por sua vez, copiavam seu texto, acrescentavam seus próprios comentários e repassavam adiante. "Hoje temos computadores e banda larga, mas os romanos tinham escravos e escribas que transmitiam suas mensagens", disse Standage à BBC Brasil. "Membros da elite romana escreviam entre si constantemente, comentando sobre as últimas movimentações políticas e expressando opiniões."

Além do papiro, outra plataforma comumente utilizada pelos romanos era uma tábua de cera do tamanho e da forma de um tablet moderno, em que escreviam recados, perguntas ou transmitiam os principais pontos da *acta diurna*, um "jornal" exposto diariamente no Fórum de Roma. Essa tábua, o "iPad da Roma Antiga", era levada por um mensageiro até o destinatário, que respondia embaixo da mensagem.

NIDECKER, F. Disponível em: www.bbc.co.uk. Acesso em: 7 nov. 2013 (adaptado).

Na reportagem, há uma comparação entre tecnologias de comunicação antigas e atuais. Quanto ao gênero mensagem, identifica-se como característica que perdura ao longo dos tempos o(a)

a) imediatismo das respostas.
b) compartilhamento de informações.
c) interferência direta de outros no texto original.
d) recorrência de seu uso entre membros da elite.
e) perfil social dos envolvidos na troca comunicativa.

242

Garcia tinha-se chegado ao cadáver, levantara o lenço e contemplara por alguns instantes as feições defuntas. Depois, como se a morte espiritualizasse tudo, inclinou-se e beijou-a na testa. Foi nesse momento que Fortunato chegou à porta. Estacou assombrado; não podia ser o beijo da amizade, podia ser o epílogo de um livro adúltero [...].

Entretanto, Garcia inclinou-se ainda para beijar outra vez o cadáver, mas então não pôde mais. O beijo rebentou em soluços, e os olhos não puderam conter as lágrimas, que vieram em borbotões, lágrimas de amor calado, e irremediável desespero. Fortunato, à porta, onde ficara, saboreou tranquilo essa explosão de dor moral que foi longa, muito longa, deliciosamente longa.

ASSIS, M. **A causa secreta**
Disponível em: www.dominimopublico.gov.br
Acesso em: 9 out. 2015.

No fragmento, o narrador adota um ponto de vista que acompanha a perspectiva de Fortunato. O que singulariza esse procedimento narrativo é o registro do(a)

a) indignação face à suspeita do adultério da esposa.
b) tristeza compartilhada pela perda da mulher amada.
c) espanto diante da demonstração de afeto de Garcia.
d) prazer da personagem em relação ao sofrimento alheio.
e) superação do ciúme pela comoção decorrente da morte.

Resp: **235** E **236** B **237** C **238** A **239** B **240** D

243

Mas assim que penetramos no universo da web, descobrimos que ele constitui não apenas um imenso “território” em expansão acelerada, mas que também oferece inúmeros “mapas”, filtros, seleções para ajudar o navegante a orientar-se. O melhor guia para a web é a própria web. Ainda que seja preciso ter a paciência de explorá-la. Ainda que seja preciso arriscar-se a ficar perdido, aceitar “a perda de tempo” para familiarizar-se com esta terra estranha. Talvez seja preciso ceder por um instante a seu aspecto lúdico para descobrir, no desvio de um *link*, os *sites* que mais se aproximam de nossos interesses profissionais ou de nossas paixões e que poderão, portanto, alimentar da melhor maneira possível nossa jornada pessoal.

LÉVY, P. Cibercultura. São Paulo: Editora 34, 1999.

O usuário iniciante sente-se não raramente desorientado no oceano de informações e possibilidades disponíveis na rede mundial de computadores. Nesse sentido, Pierre Lévy destaca como um dos principais aspectos da internet o(a)

a) espaço aberto para a aprendizagem.
b) grande número de ferramentas de pesquisa.
c) ausência de mapas ou guias explicativos.
d) infinito número de páginas virtuais
e) dificuldade de acesso aos sites de pesquisa.

244

TEXTO I

Terezinha de Jesus
De uma queda foi ao chão
Acudiu três cavalheiros
Todos os três de chapéu na mão

O primeiro foi seu pai
O segundo, seu irmão
O terceiro foi aquele
A quem Tereza deu a mão

BATISTA, M. F. B. M.; SANTOS, I. M. F. (Org.). **Cancioneiro da Paraíba**. João Pessoa: Grafset, 1993 (adaptado).

TEXTO II

Outra interpretação é feita a partir das condições sociais daquele tempo. Para a ama e para a criança para quem cantava a cantiga, a música falava do casamento como um destino natural na vida da mulher, na sociedade brasileira do século XIX, marcada pelo patriarcalismo. A música prepara a moça para o seu destino não apenas inexorável, mas desejável: o casamento, estabelecendo uma hierarquia de obediência (pai, irmão mais velho, marido), de acordo com a época e circunstâncias de sua vida.

Disponível em: http://provsjose.blogspot.com.br. Acesso em: 5 dez. 2012.

O comentário do texto II sobre o texto I evoca a mobilização da língua oral que, em determinados contextos,

a) assegura a existência de pensamentos contrários à ordem vigente.
b) mantém a heterogeneidade das formas de relações sociais.
c) conserva a influência religiosa sobre certas culturas.
d) preserva a diversidade cultural e comportamental.
e) reforça comportamentos e padrões culturais.

245

Essas moças tinham o vezo de afirmar o contrário do que desejavam. Notei a singularidade quando principiaram a elogiar o meu paletó cor de macaco. Examinavam-no sérias, achavam o pano e os aviamentos de qualidade superior , o feitio admirável. Envaideci-me: nunca havia reparado em tais vantagens. Mas os gabas se prolongaram, trouxeram-me desconfiança. Percebi afinal que elas zombavam e não me susceptibilizei. Longe disso: achei curiosa aquela maneira de falar pelo avesso, diferente das grosserias a que me habituara. Em geral me diziam com franqueza que a roupa não me assentava no corpo, sobrava nos sovacos.

RAMOS, G. Infância. Rio de Janeiro: Record, 1994.

Por meio de recursos linguísticos, os textos mobilizam estratégias para introduzir e retomar ideias, promovendo a progressão do tema. No fragmento transcrito, um novo aspecto do tema é introduzido pela expressão

a) "a singularidade".
b) "tais vantagens".
c) "os gabos".
d) "Longe disso".
e) "Em geral".

246

CIPRIANI, F. Disponível em: www.snmsolutions.com.br. Acesso em: 15 maio 2013 (adaptado).

O consumidor do século XXI, chamado de novo consumidor social, tende a se comportar de modo diferente do consumidor tradicional. Pela associação das características apresentadas no diagrama, infere-se que esse novo consumidor sofre influência da

a) cultura do comércio eletrônico.
b) busca constante pelo menor preço.
c) divulgação de informações pelas empresas.
d) necessidade recorrente de consumo.
e) postura comum aos consumidores tradicionais.

247

A língua tupi no Brasil

Há 300 anos, morar na vila de São Paulo de Piratininga (peixe seco, em tupi) era quase sinônimo de falar língua de índio. Em cada cinco habitantes da cidade, só dois conheciam o português. Por isso, em 1698, o governador da província, Artur de Sá e Meneses, implorou a Portugal que só mandasse padres que soubessem "a língua geral dos índios", pois "aquela gente não se explica em outro idioma".

Derivado do dialeto de São Vicente, o tupi de São Paulo se desenvolveu e se espalhou no século XVII, graças ao isolamento geográfico da cidade e à atividade pouco cristã dos mamelucos paulistas: as bandeiras, expedições ao Sertão em busca de escravos índios. Muitos bandeirantes nem sequer falavam o português ou se expressavam mal. Domingos Jorge Velho, o paulista que destruiu o Ouilombo dos Palmares em 1694, foi descrito pelo bispo de Pernambuco como "um bárbaro que nem falar sabe". Em suas andanças, essa gente batizou lugares como Avanhandava (lugar onde o índio corre), Pindamonhangaba (lugar de fazer anzol) e Itu (cachoeira). E acabou inventando uma nova língua. "

Os escravos dos bandeirantes vinham de mais de 100 tribos diferentes", conta o historiador e antropólogo John Monteiro, da Universidade Estadual de Campinas. "Isso mudou o tupi paulista, que, além da influência do português, ainda recebia palavras de outros idiomas." O resultado da mistura ficou conhecido como língua geral do sul, uma espécie de tupi facilitado.

ÂNGELO, C. Disponível em: <http://super.abril.com.br>. Acesso em: 8 ago. 2012. (Adaptado).

O texto trata de aspectos sócio-históricos da formação linguística nacional. Ouanto ao papel do tupinaformação do português brasileiro, depreende-se que essa língua indígena

a) contribuiu efetivamente para o léxico, com nomes relativos aos traços característicos dos lugares designados.
b) originou o português falado em São Paulo no século XVII, em cuja base gramatical também está a fala de variadas etnias indígenas.
c) desenvolveu-se sob influência dos trabalhos de catequese dos padres portugueses, vindos de Lisboa.
d) misturou-se aos falares africanos, em razão das interações entre portugueses e negros nas investidas contra o Ouilombo dos Palmares.
c) expandiu-se paralelamente ao português falado pelo colonizador, e juntos originaram a língua dos bandeirantes paulistas.

Resp: **241** B **242** D

248

O farrista

Quando o almirante Cabral
Pôs as patas no Brasil
O anjo da guarda dos índios
Estava passeando em Paris.
Quando ele voltou de viagem
O holandês já está aqui.
O anjo respira alegre:
"Não faz mal, isto é boa gente,
Vou arejar outra vez."
O anjo transpôs a barra,
Diz adeus a Pernambuco,
Faz barulho, vuco-vuco,
Tal e qual o zepelim
Mas deu um vento no anjo,
Ele perdeu a memória.
E não voltou nunca mais.

MENDES, M. História do Brasil. Rio de Janeiro: Nova Fronteira, 1992

A Obra de Murilo Mendes situa-se na fase inicial do Modernismo, cujas propostas estéticas transparecem, no poema, por um eu lírico que

a) configura um ideal de nacionalidade pela integração regional.
b) remonta ao colonialismo assente sob um viés iconoclasta.
c) repercute as manifestações do sincretismo religioso.
d) descreve a gênese da formação do povo brasileiro.
e) promove inovações no repertório linguístico.

249

PROPAGANDA – O exame dos textos e mensagens de Propaganda revela que ele apresenta posições parciais, que refletem apenas o pensamento de uma minoria, como se exprimissem, em vez disso a convicção de uma população; trata-se, no fundo, de convencer o ouvinte ou leitor de que, em termos de opinião, está fora do caminho certo, e de induzi-lo a aderir às teses que lhes são apresentadas, por um mecanismo bem conhecido da psicologia social, o do conformismo induzido por pressões do grupo sobre o indivíduo isolado.

BOBBIP, N.; MATTEUCCI, N.; PASQUINO, G. **Dicionário de política.** Brasília: UnB, 1998 (adaptado).

De acordo com o texto, as estratégias argumentativas e o uso da linguagem na produção da propaganda favorecem a

a) reflexão da sociedade sobre os produtos anunciados.
b) difusão do pensamento e das preferências das grandes massas.
c) imposição das ideias e posições de grupos específicos.
d) decisão consciente do consumidor a respeito de sua compra.
e) identificação dos interesses do responsável pelo produto divulgado.

250

Sítio Gerimum
Este é o meu lugar (...)
Meu Gerimum é com g
Você pode ter estranhado
Gerimum em abundância
Aqui era plantado
E com a letra g
Meu lugar foi registrado.

OLIVEIRA, H. D. **Língua Portuguesa, n. 88, fev. 2013 (fragmento)**

Nos versos de um menino de 12 anos, o emprego da palavra “Gerimum”grafada com a letra “g” tem por objetivo

a) Valorizar usos informais caracterizadores da norma nacional.
b) confirmar o uso da norma-padrão em contexto da linguagem poética.
c) enfatizar um processo recorrente na transformação da língua portuguesa.
d) registrar a diversidade étnica e linguística presente no território brasileiro.
e) reafirmar discursivamente a forte relação do falante com seu lugar de origem.

251

TEXTO I

Criatividade em publicidade: teorias e reflexões

Resumo: O presente artigo aborda uma questão primordial na publicidade: a criatividade. Apesar de aclamada pelos departamentos de Criação das agências, devemos ter a consciência de que nem todo anúncio é, de fato, criativo. A partir do resgate teórico, no qual os Conceitos são tratados à luz da publicidade, busca-se estabelecer a compreensão dos temas. Para elucidar tais questões, é analisada uma campanha impressa da marca XXXX. As reflexões apontam que a publicidade criativa é essencialmente simples e apresenta uma releitura do cotidiano.

Depexe, S D. Travessias: Pesquisas em Educação, Cultura, Linguagem e Artes, n. 2, 2008.

TEXTO II

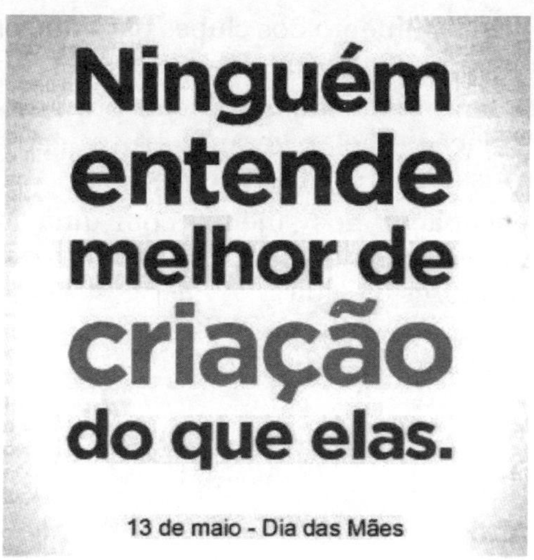

Homenagem ao Dia das Mães 2012. Disponível em: www.comunicacao.com
Acesso em: 3 ago. 2012(adaptado)

Os dois textos apresentados versam sobre o tema Criatividade. O Texto I é um resumo de Caráter Científico e o Texto II, uma homenagem promovida por um site de publicidade. De que maneira O Texto II exemplifica o conceito de criatividade em publicidade apresentado no Texto I?

a) Fazendo menção ao difícil trabalho das mães em criar seus filhos.
b) Promovendo uma leitura simplista do papel materno em seu trabalho de criar os filhos.
c) Explorando a polissemia do termo “criação”.
d) Recorrendo a uma estrutura linguística simples.
e) Utilizando recursos gráficos diversificados.

252

Textos e hipertextos: procurando o equilíbrio

Há um medo por parte dos pais e de alguns professores de as crianças desaprenderem quando navegam, medo de elas viciarem, de obterem informação não confiável, de elas se isolarem do mundo real, como se o computador fosse um agente do mal, um vilão. Esse medo é reforçado pela mídia, que costuma apresentar o computador como um agente negativo na aprendizagem e na socialização dos usuários. Nós sabemos que ninguém corre o risco de desaprender quando navega, seja em ambientes digitais ou em materiais impressos, mas é preciso ver o que se está aprendendo e algumas vezes interferir nesse processo a fim de otimizar ou orientar a aprendizagem, mostrando aos usuários outros temas, outros caminhos, outras possibilidades diferentes daquelas que eles encontraram sozinhos ou daquelas que eles costumam usar. É preciso, algumas vezes, negociar o uso para que ele não seja exclusivo, uma vez que há outros meios de comunicação, outros meios de informação e outras alternativas de lazer. É uma questão de equilibrar e não de culpar.

COSCARELLI, C. V. **Linguagem em (Dis)curso, n. 3, set.-dez. 2009.**

A autora incentiva o uso da internet pelos estudantes, ponderando sobre a necessidade de orientação a esse uso, pois essa tecnologia

a) está repleta de informações confiáveis que constituem fonte única para a aprendizagem dos alunos.
b) exige dos pais e professores que proíbam seu uso abusivo para evitar que se torne um vício.
c) tende a se tomar um agente negativo na aprendizagem e na socialização de crianças e jovens.

Resp: **243** A **244** E **245** D **246** A **247** A

d) possibilita maior ampliação do conhecimento de mundo quando a aprendizagem é direcionada.
e) leva ao isolamento do mundo real e ao uso exclusivo do computador se a navegação for desmedida.

253

O mundo revivido

Sobre esta casa e as árvores que o tempo
esqueceu de levar. Sobre o curral
de pedra e paz e de outras vacas tristes
chorando a lua e a noite sem bezerros.

Sobre a parede larga deste açude
onde outras cobras verdes se arrastavam,
e pondo o sol nos seus olhos parados
iam colhendo sua safra de sapos.

Sob as constelações do sul que a noite
armava e desarmava: as Três Marias,
o Cruzeiro distante e o Sete-Estrelo.

Sobre este mundo revivido em vão,
a lembrança de primos, de cavalos,
de silêncio perdido para sempre.

DOBAL, H. **A província deserta** . Rio de Janeiro: Artenova, 1974.

No processo de reconstituição do tempo vivido, o eu lírico projeta um conjunto de imagens cujo lirismo se fundamenta no

a) inventário das memórias evocadas afetivamente.
b) reflexo da saudade no desejo de voltar à infância.
c) sentimento de inadequação com o presente vivido.
d) ressentimento com as perdas materiais e humanas.
e) lapso no fluxo temporal dos eventos trazidos à cena.

254

A ascensão social por meio do esporte mexe com o imaginário das pessoas, pois em poucos anos um adolescente pode se tornar milionário caso tenha um bom desempenho esportivo. Muitos meninos de famílias pobres jogam com o objetivo de conseguir dinheiro para oferecer uma boa qualidade de vida à família. Isso aproximou mais ainda o futebol das camadas mais pobres da sociedade, tornando-o cada vez mais popular.

Acontece que esses jovens sonham com fama e dinheiro, enxergando no futebol o único caminho possível para o sucesso. No entanto, eles não sabem da grande dificuldade que existe no início dessa jornada em que a minoria alcança a carreira profissional. Esses garotos abandonam a escola pela ilusão de vencer no futebol, à qual a maioria sucumbe.

O caminho até o profissionalismo acontece por meio de um longo processo seletivo que os jovens têm de percorrer. Caso não seja selecionado, esse atleta poderá ter que abandonar a carreira involuntariamente por falta de uma equipe que o acolha. Alguns podem acabar em subempregos, à margem da sociedade, ou até mesmo em vícios de correntes dese fracasso e dessa desilusão. Isso acontece porque no auge da sua formação escolar e na Condição juvenil de desenvolvimento, eles não se preparam e não são devidamente orientados para buscar alternativas de experiências mais amplas de ocupação fora e além do futebol.

BALZANO, O N MORAIS, J. S. A formação do jogador de futebol e sua relação Com a escola EFDeportes, n. 172, set 2012 (adaptado)

Ao abordar o fato de, no Brasil, muitos jovens depositarem suas esperanças de futuro no futebol, o texto critica o(a)

a) despreparo dos jogadores de futebol para ajudarem suas famílias a superar a miséria.
b) garantia de ascensão social dos jovens pela carreira de jogador de futebol.
c) falta de investimento dos clubes para que os atletas possam atuar profissionalmente e viver do futebol.
d) investimento reduzido dos atletas profissionais em sua formação escolar, gerando frustração e desilusão profissional no esporte.
e) despreocupação dos sujeitos com uma formação paralela à esportiva, para habilitá-los a atuar em Outros setores da vida.

255

Declaração de amor

Esta é uma confissão de amor: amo a língua portuguesa. Ela não é fácil. Não é maleável. [...] A língua portuguesa é um verdadeiro desafio para quem escreve. Sobretudo para quem escreve tirando das coisas e das pessoas a primeira capa de superficialismo.

Às vezes ela reage diante de um pensamento mais complicado. As vezes se assusta com o imprevisível de uma frase. Eu gosto de manejá-la – como gostava de estar montada num cavalo e guiá-lo pelas rédeas, às vezes a galope. Eu queria que a língua portuguesa chegasse ao máximo em minhas mãos. E este desejo todos os que escrevem têm. Um Camões e outros iguais não bastaram para nos dar para sempre uma herança de língua já feita. Todos nós que escrevemos estamos fazendo do túmulo do pensamento alguma coisa que lhe dê vida.

Essas dificuldades, nós as temos. Mas não fale do encantamento de lidar com uma língua que não foi aprofundada. O que recebi de herança não me chega.

Se eu fosse muda e também não pudesse escrever, e me perguntassem a que língua eu queria pertencer, eu diria. inglês, que é preciso e belo. Mas, como não nasci muda e pudc escrever, tornou-se absolutamente claro para mim que eu queria mesmo era escrever em português. Eu até queria não ter aprendido outras línguas: só para que a minha abordagem do português fosse virgem e límpida.

LISPECTOR, C. **A descoberta do mundo** Rio de Janeiro Rocco, 1999 (adaptado).

O trecho em que Clarice Lispector declara seu amor pela língua portuguesa, acentuando seu caráter patrimonial e Sua capacidade de renovação, é

a) “A língua portuguesa é um verdadeiro desafio para quem escreve.”
b) “Um Camões e outros iguais não bastaram para nos dar para sempre uma herança de língua já feita.”
c) “Todos nós que escrevemos estamos fazendo do túmulo do pensamento alguma coisa que lhe dê Vida.”
d) “Mas não falei do encantamento de lidar com uma língua que não foi aprofundada.”
e) “Eu até queria não ter aprendido outras línguas: só para que a minha abordagem do português fosse Virgem e límpida.”

256

TEXTO I

GOELDI, O. **Sem título**. Bico de pena, 29,4 x 24 cm. Coleção Ary **Ferreira Macedo, circa 1940.**

Disponível em https://revistacontemporates.blogspot.com.br. Acesso em: 10 dez. 2012.

TEXTO II

Na sua produção, Goeldi buscou refletir seu caminho pessoal e político, sua melancolia e paixão sobre os intensos aspectos mais latentes em sua obra, como: cidades, peixes, urubus, caveiras, abandono, solidão, drama e medo.

ZULIETTI, L. F. Goeldi: da melancolia ao inevitável. **Revista de Arte, Mídia e Política.** Acesso em: 24 abr. 2017 (adaptado).

O gravador Oswaldo Goeldi recebeu influências de um movimento artístico europeu do início do século XX, que apresenta as características reveladas nos traços da obra de

a) 

Alfred Kubin, representante do Expressionismo.

Sonho e desarranjo, Alfred Kubin.

b) 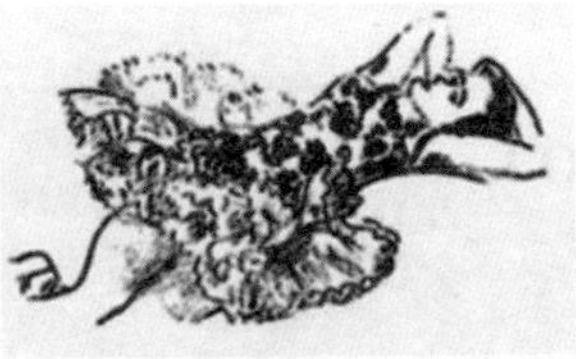

Henri Matisse, representante do Fauvismo.

Bailarina deitada, Henri Matisse

c) 

Diego Rivera, representante do Muralismo.

Mineiro, Diego Rivera.

d) 

Paplo Picasso, representante do Cubismo.

Retrato de Igor Stravinsky, Pablo Picasso

e) 

René Magritte, representante do Surrealismo.

Os amantes, René Magritte.

257

TEXTO I

A língua ticuna é o idioma mais falado entre os indígenas brasileiros. De acordo com o pesquisador Aryon Rodrigues, há 40 mil índios que falam o idioma. A maioria mora ao longo do Rio Solimões, no Alto Amazonas. É a maior nação indígena do Brasil, sendo também encontrada no Peru e na Colômbia. Os ticunas falam uma língua considerada isolada, que não mantém semelhança com nenhuma outra língua indígena e apresenta complexidades em sua fonologia e sintaxe. Sua característica principal é o uso de diferentes alturas na voz.

O uso intensivo da língua não chega a ser ameaçado pela proximidade de cidades ou mesmo pela convivência com falantes de outras línguas no interior da própria área ticuna: nas aldeias, esses outros falantes são minoritários e acabam por se submeter à realidade ticuna, razão pela qual, talvez, não representem uma ameaça linguística.

Lingua Portuguesa, n. 52, few 2010 (adaptado)

TEXTO II

Riqueza da língua

"O inglês está destinado a ser uma língua mundial em sentido mais amplo do que o latim foi na era passada e o francês é na presente", dizia o presidente americano John Adams no século XVIII. A profecia se cumpriu o inglês é hoje a língua franca da globalização. No extremo oposto da economia linguística mundial, estão as línguas de pequenas comunidades declinantes. Calcula-se que hoje se falem de 6 000 a 7 000 línguas no mundo todo. Quase metade delas deve desaparecer nos próximos 100 anos, A última edição do Ethnologue – o mais abrangente estudo sobre as línguas mundiais -, de 2005, listava 516 línguas em risco de extinção.

Veja, n. 36, set 2007 (adaptado).

Os textos tratam de línguas de culturas completamente diferentes, cujas realidades se aproximam em função do(a)

a) semelhança no modo de expansão.
b) preferência de uso na modalidade falada.
c) modo de organização das regras sintáticas.
d) predomínio em relação às outras línguas de contato.
e) fato de motivarem o desaparecimento de línguas minoritárias.

258

A atrizes

Naturalmente
Ela sorria
Mas não me dava trela
Trocava a roupa
Na minha frente
E ia bailar sem mais aquela
Escolhia qualquer um
Lançava olhares
Debaixo do meu nariz
Dançava colada
Em novos pares
Com um pé atrás
Com um pé a fim
Surgiram outras
Naturalmente
Sem nem olhar a minha Cara
Tomavam banho
Na minha frente
Para Sair com outro cara
Porém nunca me importei
Com tais amantes

(...)

Com tantos filmes
Na minha mente
É natural que toda atriz
Presentemente represente
Muito para mim

CHICOBUARQUE **Carioca**, Rio de Janeiro Biscoito Fino, 2006 (fragmento)

Na Canção, Chico Buarque trabalha uma determinada função da linguagem para marcar a subjetividade do eu lírico ante as atrizes que ele admira. A intensidade dessa admiração está marcada em

a) "Naturalmente. Ela sorria/ Mas não me dava trela"
b) "Tomavam banho/ Na minha frente/ Para sair com outro Cara".
c) "Surgiram outras Naturalmente/ Sem nem olhar a minha Cara".
d) "Escolhia qualquer um/Lançava olhares / Debaixo do meu nariz".
e) "É natural que toda atriz Presentemente represente/ Muito para mim".

259

E aqui, antes de continuar este espetáculo, e necessário que façamos uma advertência a todos e a cada um. Neste momento, achamos fundamental que cada um tome uma posição definida. Sem que cada um tome uma posição definida, não é possível continuarmos. É fundamental que cada um tome uma posição, seja para a esquerda, seja para a direita. Admitimos mesmo que alguns tomem uma posição neutra, fiquem de braços cruzados. Mas é preciso que cada um, uma vez tomada sua posição, fique nela! Porque senão, companheiros, as cadeiras do teatro rangem muito e ninguém ouve nada.

FERNANDES, M.; RANGEL, F. Liberdade, liberdade. Porto Alegre: L&PM, 2009,

A peça Liberdade, liberdade, encenada em 1964, apresenta o impasse vivido pela sociedade brasileira em face do regime vigente. Esse impasse é representado no fragmento pelo(a)

a) barulho excessivo produzido pelo ranger das cadeiras do teatro.
b) indicação da neutralidade como a melhor opção ideológica naquele momento.
c) constatação da censura em função do engajamento social do texto dramático.
d) correlação entre o alinhamento politico e a posição corporal dos espectadores.
e) interrupção do espetáculo em virtude do comportamento inadequado do público.

260

Uma noite em 67, de Renato Tera e Ricardo Calil. Editora Planeta, 296 páginas.

Mas foi um noite, aquela noite de sábado 21 de outubro de 1967, que parou o nosso país. Parou pra ver a finalíssima do III Festival da Record, quando um jovem de 24 anos chamado Eduardo Lobo, o Edu Lobo, saiu carregado do Teatro Paramount em São Paulo depois de ganhar o prêmio máximo do festival com Ponteio, que cantou acompanhado da charmosa e iniciante Marília Medalha.

Foi naquele noite que Chico Buarque entoou sua Roda viva ao lado do MPB-4 de Magro, o arranjador. Que Caetano Veloso brilhou cantando Alegria, alegria com a plateia ao com das guitarras dos Beat Boys, que

Resp: 252 D 253 A 254 E 255 B

Gilberto Gil apresentou a tropicalista Domingo no parque com os Mutantes.

Aquela noite que acabou virando filme, em 2010, nas mãos de Renato Terra e Ricardo Calil, agora virou livro. O livro que está sendo lançado agora é a história daquela noite, ampliada e em estado que no jargão jornalístico chamamos de matéria bruta. Quem viu o filme vai se deliciar com as histórias - e algumas fofocas - que cada um tem para contar, agora sem os contes necessários que um filme exige. E quem não viu o filme tem diante de si um livro de histórias, pensando bem, de História.

VILLAS, A. Disponível em: www.cartacapital.com.br. Acessado em: 18 jun. 2014 (adaptado).

Considerando os elementos constitutivos dos gêneros textuais circulantes na sociedade, nesse fragmento de resenha predominam

a) caracterização de personalidades do contexto musical brasileiro dos anos 1960.
b) questões polêmicas direcionadas à produção musical brasileira nos anos 1960.
c) relatos de experiências de artistas sobre os festivais de música de 1967.
d) explicação sobre o quadro cultural do Brasil durante a década de 1960.
e) opinião a respeito de uma obra sobre cena musical de 1967.

261

Apesar de muitas crianças e adolescentes terem a Barbie como um exemplo de beleza, um infográfico feito pelo site Rehabs.com comprovou que, caso uma mulher tivesse as medidas da boneca de plástico, ela nem estaria viva.

Não é exatamente uma novidade que as proporções da boneca mais famosa do mundo são absurdas para o mundo real. Ativistas que lutam pela construção de uma autoimagem mais saudável, pesquisadores de distúrbios alimentares e pessoas que se preocupam com o impacto da indústria cultural na psique humana apontam, há anos, a influência de modelos como a Barbie na distorção do corpo feminino.

Pescoço

Com um pescoço duas vezes mais longo e 15 centímetros mais fino do que o de uma mulher, a Barbie seria incapaz de manter sua cabeça levantada.

Cintura

Com uma cintura de 40 centímetros (menor do que a sua cabeça), a Barbie da vida real só teria espaço em seu corpo para acomodar metade de um rim e alguns centímetros de intestino.

Quadril

O índice que mede a relação entre a cintura e o quadril da Barbie é de 0,56, o que significa que a medida da sua cintura representa 56% da circunferência de seu quadril. Esse mesmo índice, em uma mulher americana média, é de 0,8.

Disponivel em: http://oglobo.globo.com. Acesso em: 2 maio 2015.

Ao abordar as possíveis influências da indústria de brinquedos sobre a representação do corpo feminino, o texto analisa a

a) noção de beleza globalizada veiculada pela indústria cultural.
b) influência da mídia para a adoção de um estilo de vida salutar pelas mulheres.
c) relação entre a alimentação saudável e o padrão de corpo instituído pela boneca.
d) proporcionalidade entre a representação do corpo da boneca e a do corpo humano.
e) influência mercadológica na construção de uma auto imagem positiva do corpo feminino

262

Nuances

Euforia: alegria barulhenta. Felicidade: alegria silenciosa.

Gravar: quando o ator é de televisão. Filmar: quando ele quer deixar claro que não é de televisão.

Grávida: em qualquer ocasião. Gestante: em filas e assentos preferenciais.

Guardar: na gaveta. Salvar: no Computador. Salvaguardar: no Exército.

Menta: no sorvete, na bala ou no xarope.

Hortelã: na horta ou no suco de abacaxi.

Peça: quando você vai assistir. Espetáculo: quando você está em cartaz com ele.

DUVIVIER, G. **Folha de S. Paulo, 24 mar. 2014 (adaptado)**

O texto trata da diferença de sentido entre vocábulos muito próximos. Essa diferença é apresentada considerando-se a(s)

a) alternâncias na sonoridade.
b) adequação às situações de uso.
c) marcação flexional das palavras.
d) grafia na norma-padrão da língua.
e) categorias gramaticais das palavras.

263

Disponível em: www.agenciapatriciagalvao.org.br. Acesso em: 15 maio 2017 (adaptado).

Campanhas publicitárias podem evidenciar problemas sociais. O Cartaz tem como finalidade

a) alertar os homens agressores sobre as consequências de seus atos,
b) Conscientizar a população sobre a necessidade de denunciar a violência doméstica.
c) instruir as mulheres sobre o que fazer em casos de agressão.
d) despertar nas crianças a capacidade de reconhecer atos de violência doméstica.
e) exigir das autoridades ações preventivas contra a Violência doméstica.

264

TEXTO I

Fundamentam-se as regras da Gramática Normativa nas obras dos grandes escritores, em cuja linguagem as classes ilustradas põem o seu ideal de perfeição, porque nela é que se espelha o que o uso idiomático estabilizou e consagrou.

LIMA, C. H. R. Gramática normativa da língua portuguesa, Rio de Janeiro José Olympio, 1989

TEXTO II

Gosto de dizer. Direi melhor: gosto de palavrar. As palavras são para mim corpos tocáveis, sereias visíveis, sensualidades incorporadas. Talvez porque a sensualidade real não tem para mim interesse de nenhuma espécie – nem sequer mental ou de sonho -, transmudou-se-me o desejo para aquilo que em mim Cria ritmos Verbais, ou os escuta de Outros. Estremeço se dizem bem. Tal página de Fialho, tal página de Chateaubriand, fazem formigar toda a minha vida em todas as veias, fazem-me raivar tremulamente quieto de um prazer inatingível que estou tendo. Tal página, até, de Vieira, na sua fria perfeição de engenharia sintáctica, me faz tremer como um ramo ao vento, num delírio passivo de coisa movida.

PESSOA, F. O livro do desassossego
São Paulo Brasiliense, 1986

A linguagem cumpre diferentes funções no processo de comunicação. A função que predomina nos textos I e II

a) destaca o "como" se elabora a mensagem, Considerando-se a seleção, Combinação e sonoridade do texto.
b) Coloca o foco no "Com o quê" se constrói a mensagem, sendo o código utilizado o seu próprio objeto.
c) focaliza o "quem" produz a mensagem, mostrando seu posicionamento e suas impressões pessoais.
d) O orienta-se no "para quem" se dirige a mensagem, estimulando a mudança de seu comportamento.
e) enfatiza sobre "o quê" versa a mensagem, apresentada com palavras precisas e objetivas.

265

Contranarciso

em mim
eu vejo o outro
e outro
e outro
enfim dezenas
trens passando
vagões cheios de gente
centenas

o outro
que há em mim
é você
você
e você

assim como
eu estou em você
eu estou nele
em nós
e só quando
estamos em nós
estamos em paz
mesmo que estejamos a sós

LEMINSKY P. **Toda poesia. São Paulo: Cia. das Letras, 2013.**

A busca pela identidade constitui uma faceta da tradição literária, redimensionada pelo olhar contemporâneo. No poema, essa nova dimensão revela a

a) ausência de traços identitários.
b) angústia com a solidão em público.
c) valorização da descoberta do "eu" autêntico.
d) percepção da empatia como fator de autoconhecimento.
e) impossibilidade de vivenciar experiências de pertencimento.

266

No esporte-participação ou esporte popular, a manifestação ocorre no princípio do prazer lúdico, que tem como finalidade o bem-estar social dos seus praticantes. Está associado intimamente com o lazer e o tempo livre e ocorre em espaços não comprometidos com o tempo e fora das obrigações da vida diária. Tem como propósitos a descontração, a diversão, o desenvolvimento pessoal e o relacionamento com as pessoas. Pode-se afirmar que o esporte-participação, por ser a dimensão social do esporte mais inter-relacionada com os caminhos democráticos, equilibra o quadro de desigualdades de oportunidades esportivas encontrado na dimensão esporte-performance. Enquanto o esporte-performance só permite sucesso aos talentos ou àqueles que tiveram condições, o esporte-participação favorece o prazer a todos que dele desejarem tomar parte.

GODTSFRIEDT, J. Esporte e sua relação com a sociedade: uma síntese bibliográfica. **EFDeportes, n. 142, mar. 2010.**

O sentido de esporte-participação construído no texto está fundamentalmente presente

a) nos Jogos Olímpicos, uma vez que reúnem diversos países na disputa de diferentes modalidades esportivas.
b) nas competições de esportes individuais, uma vez que o sucesso de um indivíduo incentiva a participação dos demais.
c) nos campeonatos oficiais de futebol, regionais e nacionais, por se tratar de uma modalidade esportiva muito popular no país.

d) nas competições promovidas pelas federações e confederações, cujo objetivo é a formação e a descoberta de talentos.
e) nas modalidades esportivas adaptadas, cujo objetivo é o maior engajamento dos cidadãos.

d) despertar a preocupação da plateia com a expectativa de vida dos cidadãos.
e) questionar o apoio irrestrito de agentes públicos aos gestores governamentais.

267

Segundo quadro

Uma sala da prefeitura. O ambiente é modesto. Durante a mutação, ouve-se um dobrado e vivas a Odorico, "viva o prefeito" etc. Estão em cena Dorotéa, Juju, Dirceu, Dulcinéa, o vigário e Odorico. Este último, à janela, discursa.

ODORICO – Povo sucupirano! Agoramente já investido no cargo de Prefeito, aqui estou para receber a confirmação, a ratificação, a autenticação e por que não dizer a sagração do povo que me elegeu.

Aplausos vêm de fora.

ODORICO – Eu prometi que meu primeiro ato como prefeito seria ordenar a construção do cemitério.

Aplausos, aos quais se incorporam as personagens em cena.

ODORICO – (Continuando o discurso:) Botando de lado os entretantos e partindo pros finalmente, é uma alegria poder anunciar que prafrentemente vocês já poderão morrer descansados, tranquilos e desconstrangidos, na certeza de que vão ser sepultados aqui mesmo, nesta terra morna e cheirosa de Sucupira. E quem votou em mim, basta dizer isso ao padre na hora da extrema-unção, que tem enterro e cova de graça, conforme o prometido.

GOMES, D. O bem amado, Rio de Janeiro, Ediouro, 2012

O gênero peça teatral tem o entretenimento como uma de suas funções. Outra função relevante do gênero, explícita nesse trecho de O bem amado, é

a) criticar satiricamente o comportamento de pessoas públicas.
b) denunciar a escassez de recursos públicos nas prefeituras do interior.
c) censurar a falta de domínio da língua padrão em eventos sociais.

268

João/Zero (Wagner Moura) é um cientista genial, mas infeliz porque há 20 anos atrás foi humilhado publicamente durante uma festa e perdeu Helena (Alinne Moraes), uma antiga e eterna paixão. Certo dia, uma experiência com um de seus inventos permite que ele faça uma viagem no tempo, retornando para aquela época e podendo interferir no seu destino. Mas quando ele retorna, descobre que sua vida mudou totalmente e agora precisa encontrar um jeito de mudar essa história, nem que para isso tenha que voltar novamente ao passado. Será que ele conseguirá acertar as coisas?

Disponível em: http://adorocinema.com. Acesso em: 1 out. 2011.

Qual aspecto da organização gramatical atualiza os eventos apresentados na resenha, contribuindo para despertar o interesse do leitor pelo filme?

a) O emprego do verbo haver, em vez de ter, em "há 20 anos atrás foi humilhado".
b) A descrição dos fatos com verbos no presente do indicativo, como "retorna" e "descobre".
c) A repetição do emprego da conjunção "mas" para contrapor ideias.
d) A finalização do texto com a frase de efeito "Será que ele conseguirá acertar as coisas?".
e) O uso do pronome de terceira pessoa "ele" ao longo do texto para fazer referência ao protagonista "João/Zero".

Resp: 260 E | 261 D | 262 B | 263 B

269

ÈPOCA, n. 698, 3 out. 2011 (adaptado).

Os textos publicitários são produzidos para cumprir determinadas funções comunicativas. Os objetivos desse cartaz estão voltados para a conscientização dos brasileiros sobre a necessidade de

a) as crianças frequentarem a escola regularmente.
b) a formação leitora começar na infância.
c) a alfabetização acontecer na idade certa.
d) a literatura ter o seu mercado consumidor ampliado.
e) as escolas desenvolverem campanhas a favor da leitura.

270

Aí pelas três da tarde

Nesta sala atulhada de mesas, máquinas e papéis, onde invejáveis escreventes dividiram entre si o bom senso do mundo, aplicando-se em ideias claras apesar do ruído e do mormaço, seguros ao se pronunciarem sobre problemas que afligem o homem moderno (espécie da qual você, milenarmente cansado, talvez se sinta um tanto excluído), largue tudo de repente sob os olhares a sua volta, componha uma cara de louco quieto e perigoso, faça os gestos mais calmos quanto os tais escribas mais severos, dê um largo "ciao" ao trabalho do dia, assim como quem se despede da vida, e surpreenda pouco mais tarde, com sua presença em hora tão insólita, os que estiveram em casa ocupados na limpeza dos armários, que você não sabia antes como era conduzida. Convém não responder aos olhares interrogativos, deixando crescer, por instantes, a intensa expectativa que se instala. Mas não exagere na medida e suba sem demora ao quarto, libertando aí os pés das meias e dos sapatos, tirando a roupa do corpo como se retirasse a importância das coisas, pondo-se enfim em vestes mínimas, quem sabe até em pelo, mas sem ferir o decoro (o seu decoro, está claro), e aceitando ao mesmo tempo, como boa verdade provisória, toda mudança de comportamento.

NASSAR, R. Menina a caminho.
São Paulo: Cia. das Letras, 1997.

Em textos de diferentes gêneros, algumas estratégias argumentativas referem-se a recursos linguístico-discursivos mobilizados para envolver o leitor. No texto, caracteriza-se como estratégia de envolvimento a

a) prescrição de comportamentos, como em: "[...] largue tudo de repente sob os olhares a sua volta [...]".
b) apresentação de contraposição, como em: "Mas não exagere na medida e suba sem demora ao quarto [...]".
c) explicitação do interlocutor, como em: "[...] (espécie da qual você, milenarmente cansado, talvez se sinta um tanto excluído) [...]".
d) descrição do espaço, como em: "Nesta sala atulhada de mesas, máquinas e papéis, onde invejáveis escreventes dividiram entre si o bom-senso do mundo [...]".
e) construção de comparações, como em: "[...] libertando aí os pés das meias e dos sapatos, tirando a roupa do corpo como se retirasse a importância das coisas [...]".

271

VALENTIM, R. **Emblema** 78. Acrílico sobre tela. 73 x 100 cm. 1978.
Disponível em: www.espacoarte.com.br.Acesso em: 2 ago. 2012.

A obra de Rubem Valentim apresenta emblemas que, baseando-se em signos de religiões afro-brasileiras, se transformam em produção artística. A obra Emblema 78 relaciona-se com o Modernismo em virtude da

a) simplificação de formas da paisagem brasileira.
b) valorização de símbolos do processo de urbanização.
c) fusão de elementos da cultura brasileira com a arte europeia.
d) alusão aos símbolos cívicos presentes na bandeira nacional
e) composição simétrica de elementos relativos à miscigenação racial.

272

ERNESTO NETO. Dengo. 2010. MAM-SP, 2010.
Disponível em: http://espacohumus.com.
Acesso em 25: abr. 2017.

A instalação Dengo transformou a sala do MAM-SP em um ambiente singular, explorando como principal característica artística a

a) participação do público na interação lúdica com a obra.
b) distribuição de obstáculo no espaço da exposição.
c) representação simbólica de objetivos oníricos.
d) interpretação subjetiva da lei da gravidade.
e) valorização de técnicas de artesanato.

273

Naquela manhã de céu limpo e ar leve, devido à chuva torrencial da noite anterior, saí a caminhar com o sol ainda escondido para tomar tenência dos primeiros movimentos da vida na roça. Num demorou nem um tiquinho e o cheiro intenso do café passado por Dona Linda me invadiu as narinas e fez a fome se acordar daquela rema letárgica derivada da longa noite de sono. Levei as mãos até a água que corria pela bica feita de bambu e o contato gelado foi de arrepiar. Mas fui em frente e levei as mãos em concha até o rosto. Com o impacto, recuei e me faltou o fôlego por alguns instantes, mas o despertar foi imediato. Já aceso, entrei na cozinha na buscação de derrubar a fome e me acercar do aconchego do calor do fogão à lenha. Foi quando dei reparo da figura esguia e discreta de uma senhora acompanhada de um garoto aparentando uns cinco anos de idade já aboletada na ponta da mesa em proseio íntimo com a dona da casa. Depois de um vigoroso "Bom dia!", de um vaporoso aperto de mãos nas apresentações de praxe, fiquei sabendo que Dona Flor de Maio levava o filho Adão para tratamento das feridas que pipocavam por seu corpo, provocando pequenas pústulas de bordas avermelhadas.

GUIÃO, M. Disponível em: www.revistaecologico.com.br.
Acesso em: 10 mar. 2014 (adaptado)

A variedade linguística da narrativa é adequada à descrição dos fatos. Por isso, a escolha de determinadas palavras e expressões usadas no texto está a serviço da

a) localização dos eventos de fala no tempo ficcional
b) composição da verossimilhança do ambiente retratado.

Resp: **264** B **265** D **266** E **267** A **268** B

c) restrição do papel do narrador à observação das cenas relatadas.

d) construção mística das personagens femininas pelo autor do texto.

e) caracterização das preferências linguísticas da personagem masculina.

274

Zé Araújo começou a cantar num tom triste, dizendo aos curiosos que começaram a chegar que uma mulher tinha se ajoelhado aos pés da santa cruz e jurado em nome de Jesus um grande amor, mas jurou e não cumpriu, fingiu e me enganou, pra mim você mentiu, pra Deus você pecou, o coração tem razões que a própria razão desconhece, faz promessas e juras, depois esquece.

O caboclo estava triste e inspirado. Depois dessa canção que arrepiou os cabelos da Neusa, emendou com uma valsa mais arretada ainda, cheia de palavras difíceis, mas bonita que só a gota serena. Era a história de uma boneca encantadora vista numa vitrine de cristal sobre o soberbo pedestal. Zé Araújo fechava os olhos e soltava a voz:

Seus cabelos tinham a cor/ Do sol a irradiar/ Fulvos raios de amor. / Seus olhos eram circúnvagos/ Do romantismo azul dos lagos/ Mãos liriais, uns braços divinais, / Um corpo alvo sem par/ E os pés muito pequenos./Enfim eu vi nesta boneca/ Uma perfeita Vênus.

CASTRO, N. L. As pelejas de Ojuara o homem que desafiou o diabo. **São Paulo: Arx, 2006 (adaptado).**

O comentário do narrador do romance "[...] emendou com uma valsa mais arretada ainda, cheia de palavras difíceis, mas bonita que só a gota serena" relaciona-se ao fato de que essa valsa é representativa de uma variedade linguística

a) detentora de grande prestígio social.

b) específica da modalidade oral da língua.

c) previsível para o contexto social da narrativa.

d) constituída de construções sintáticas complexas.

e) valorizadora do conteúdo em detrimento da forma.

275

A lavadeira começou a viver como uma serviçal que impõe respeito e não mais como escrava. Mas essa regalia súbita foi efêmera. Meus irmãos, nos frequentes deslizes que adulteravam este novo relacionamento, eram dardejados pelo olhar severo de Emilie; eles nunca suportaram de bom grado que uma índia passasse a comer na mesa da sala, usando os mesmos talheres e pratos, e comprimindo com os lábios o mesmo cristal dos copos e a mesma porcelana das xícaras de café. Uma espécie de asco e repulsa tingia-lhes o rosto, já não comiam com a mesma saciedade e recusavam-se a elogiar os pastéis de picadinho de carneiro, os folheados de nata e tâmara, e o arroz com amêndoas, dourado, exalando um cheiro de cebola tostada. Aquela mulher, sentada e muda, com o rosto rastreado de rugas, era capaz de tirar o sabor e o odor dos alimentos e de suprimir a voz e o gesto como se o seu silêncio ou a sua presença que era só silêncio impedisse o outro de viver.

HATOUM, M. Relato de um certo Oriente. São Paulo: Cia. das Letras, 2000.

Ao apresentar uma situação de tensão em família, o narrador destila, nesse fragmento, uma percepção das relações humanas e sociais demarcada pelo

a) predomínio dos estigmas de classe e de raça sobre a intimidade da convivência.

b) discurso da manutenção de uma ética doméstica contra a subversão dos valores.

c) desejo de superação do passado de escassez em prol do presente de abastança.

d) sentimento de insubordinação à autoridade representada pela matriarca da família.

e) rancor com a ingratidão e a hipocrisia geradas pelas mudanças nas regras da casa.

276

É dessa floresta que sai o chapeuzinho vermelho, João e Maria, os irmãos Karamazov, A Dama das Camélias e os três mosqueteiros.

Revista Bolsa, 1986. In: CARRASCOZA, J. A. A evolução do texto publicitário: a associação de palavras como elemento de sedução na publicidade. São Paulo: Futura, 1999 (adaptado).

Nesse cartaz publicitário de uma empresa de papel e celulose, a combinação dos elementos verbais e não verbais visa

a) justificar os prejuízos ao meio ambiente, ao vincular a empresa à difusão da cultura.
b) incentivar a leitura de obras literárias, ao referir-se a títulos consagrados do acervo mundial.
c) seduzir o consumidor, ao relacionar o anunciante às histórias clássicas da literatura universal.
d) promover uma reflexão sobre a preservação ambiental ao aliar o desmatamento aos clássicos da literatura.
e) construir uma imagem positiva do anunciante, ao associar a exploração alegadamente sustentável à produção de livros.

277

Fim de semana no parque

Olha o meu povo nas favelas e vai perceber
Daqui eu vejo uma caranga do ano
Toda equipada e o tiozinho guiando
Com seus filhos ao lado estão indo ao parque
Eufóricos brinquedos eletrônicos
Automaticamente eu imagino
A molecada lá da área como é que tá
Provavelmente correndo pra lá e pra cá
Jogando bola descalços nas ruas de terra
É, brincam do jeito que dá

[...]

Olha só aquele clube, que da hora
Olha aquela quadra, olha aquele campo, olha
Olha quanta gente
Tem sorveteria, cinema, piscina quente

[...]

Aqui não vejo nenhum clube poliesportivo
Pra molecada frequentar nenhum incentivo
O investimento no lazer é muito escasso
O centro comunitário é um fracasso

RACIONAIS MCs. **Racionais MCs**. São Paulo: Zimbabwue, 1994 (fragmento)

A letra da canção apresenta uma realidade social quanto à distribuição distinta dos espaços de lazer que

a) retrata a ausência de opções de lazer para a população de baixa renda, por falta de espaço adequado.
b) ressalta a irrelevância das opções de lazer para diferentes classes sociais, que o acessam à sua maneira.
c) expressa o desinteresse das classes sociais menos favorecidas economicamente pelas atividades de lazer.
d) implica condições desiguais de acesso ao lazer, pela falta de infraestrutura e investimentos em equipamentos.
e) aponta para o predomínio do lazer contemplativo, nas classes favorecidas economicamente; e do prático, nas menos favorecidas.

Resp: **269** B **270** C **271** C **272** A

278

SPETO. Grafite. Museu Afro Brasil, 2009.
Disponível em: www. diariosp.com.br.
Acesso em: 25 set. 2015.

TEXTO II

Speto

Paulo César Silva, mais conhecido como Speto, é um grafiteiro paulista envolvido com o skate e a música. O fortalecimento de sua arte ocorreu, em 1999, pela oportunidade de ver de perto as referências que trazia há tempos, ao passar por diversas cidades do Norte do Brasil em uma turnê com a banda O Rappa.

Revista Zupi, n. 19, 2010

O grafite do artista paulista Speto, exposto no Museu Afro Brasil, revela elementos da cultura brasileira reconhecidos

a) na influência da expressão abstrata.
b) na representação de lendas nacionais.
c) na inspiração das composições musicais.
d) nos traços marcados pela xilogravura nordestina.
e) nos usos característicos de grafismos dos skates.

279

O homem disse, Está a chover, e depois, Quem é você, Não sou daqui, Anda à procura de comida, Sim, há quatro dias que não comemos, E como sabe que são quatro dias, É um cálculo, Está sozinha, Estou com o meu marido e uns companheiros, Quantos são, Ao todo, sete, Se estão a pensar em ficar conosco, tirem daí o sentido, já somos muitos, Só estamos de passagem, Donde vêm, Estivemos internados desde que a cegueira começou, Ah, sim, a quarentena, não serviu de nada, Por que diz isso, Deixaram-nos sair, Houve um incêndio e nesse momento percebemos que os soldados que nos vigiavam tinham desaparecido, E saíram, Sim, Os vossos soldados devem ter sido dos últimos a cegar, toda a gente está cega, Toda a gente, a cidade toda, o país,

SARAMAGO, J. Ensaio sobra a cegueira. São Paulo: Cia. das Letras, 1995.

A cena retrata as experiências das personagens em um país atingido por uma epidemia. No diálogo, a violação de determinadas regras de pontuação

a) revela uma incompatibilidade entre o sistema de pontuação convencional e a produção do gênero romance.
b) provoca uma leitura equivocada das frases interrogativas e prejudica a verossimilhança.
c) singulariza o estilo do autor e auxilia na representação do ambiente caótico.
d) representa uma exceção às regras do sistema de pontuação canônica.
e) colabora para a construção da identidade do narrador pouco escolarizado.

280

TEXTO I

RAUSCHENBERG, R. **Cama. Óleo e lápis em travesseiro, colcha e folha em suporte de madeira**. 191,1 x 80 x 20, 3 cm. Museu de Arte Moderna de Nova York, 1995.

Disponível em: www.moma.org.Acesso em: 8 jun. 2017.

TEXTO II

No verão de 1954, o artista Robert Rauschenberg (n.1925) criou o termo combine para se referir a suas novas obras que possuíam aspectos tanto da pintura como da escultura.

Em 1958, Cama foi selecionada para ser incluída em uma exposição de jovens artistas americanos e italianos no Festival dos dois Mundos em Spoleto, na Itália. Os responsáveis pelo festival, entretanto, se recusaram a expor a obra e a removeram para um depósito.

Embora o mundo da arte debatesse a inovação de se pendurar uma cama numa parede, Rauschenberg considerava sua obra "um dos quadros mais acolhedores que já pintei, mas sempre tive medo de que alguém quisesse se enfiar nela".

DEMPSEY, A. Estilos, escolas e movimentos: guia enciclopédico da arte moderna.
São Paulo: Cosac e Naify, 2003.

A obra de Rauschenberg chocou o público na época em que foi feita, e recebeu forte influência de um movimento artístico que se caracterizava pela

a) dissolução das tonalidades e dos contornos, revelando uma produção rápida.
b) exploração insólita de elementos do cotidiano, dialogando com os ready-mades.
c) repetição exaustiva de elementos visuais, levando à simplificação máxima da composição.
d) incorporação das transformações tecnológicas, valorizando o dinamismo da vida moderna.
e) geometrização das formas, diluindo os detalhes sem se preocupar com a fidelidade ao real.

Resp: **273** B **274** A **275** A **276** E **277** D

Resp: 278 D 279 C 280 B